NO LIMITS

ノー・リミッツ

「できる人」は限界をつくらない

ジョン・C・マクスウェル

山田仁子＝訳　岩田松雄＝解説

三笠書房

生きている限り、
あなたには目指すべき場所があり、
成長するための道がある。

はじめに

自分の「殻」を打ち破るために何ができるか

私は、この本にありったけの情熱を注《つ》ぎ込んだ。

それは、読者に私の情熱の全てを伝えるためである。

人々が成長し、向上する姿を見ることほど、私にとって大きな喜びはない。

読者をさらなる高みに押し上げ、可能性を広げる手助けをするために、私は本書の筆を執《と》った。


読者には、自身の殻を打ち破り、無限の可能性を追求することに果敢に挑んでほしい。

「自分はこの程度だ」という思い込み、つまり自分の頭を押さえつけているふたを吹き飛ばすために、本書を存分に活用してほしいのだ。

「高い意識」を持って成長していけば、「能力」を伸ばし、「正しい選択」をし、持てる力を最大限に発揮できる。これは成功の方程式だ。

そして、より満足のいく人生を謳歌《おうか》するためには、自身の「短所」ではなく「長所」に目を向けることだ。

「長所を磨く」ほうが、「短所を直す」より、遥《はる》かに簡単に能力を伸ばしていける。人として、リーダーとして「持てる力」を最大限に発揮するには、長所を伸ばし、とにかく行動を起こすことだ。

こうしたことに気づいてから、私の人生は一八〇度変わった。

これらの気づきがなければ、私は人々を導くことも、リーダーとしての資質を磨く努力をすることもなかっただろう。


自分を「一段上」へと押し上げるには、必ず誰かの手助けや助言が必要になるが、私は、その「誰か」となり、読者の意識を目覚めさせる手助けをしたい。

「いつも同じことをしていれば、いつも同じ結果にしかならない」という言葉を聞いたことがあるだろう。読者には、新しいことに臆《おく》することなく挑戦し、新しい成果を手にしてほしいと願っている。

さあ、自身の「無限の可能性」を探索する旅に、共に出かけよう。

II部　限界意識を吹き飛ばす「七つの能力」

III部 「正しい選択」をすることこそ未来を拓く

I部　「意識」は常に高く持つ

NO
LIMITS

1 自分の制限（リミッター）を外す

小さい頃、父がよく聞かせてくれた話がある。

一人の老人が、釣りをしている少年を見かけた。その少年はもう小さな魚を二匹釣り上げていたが、「どのぐらい釣れているのか」を老人が確かめようと近づく間にも、大きなバスを釣り上げた。

「こいつはすごい」と言う老人を尻目に、少年は針からバスを外すと川に戻してしまった。

「なんてことするんだ。せっかくの大物を！」と老人が叫ぶと、少年は言った。

「そうだね。でも大きすぎて、うちのフライパンに入りきらないんだ」

思わず吹き出してしまう話だが、**「考え方一つで人生が決まる」**ことを象徴していると気づかせてくれる。

大胆に挑む力が湧いてくる「三つの心構え」

この本で私が目指しているのは、読者の可能性を押さえつけている**「限界意識」を吹き飛ばす**ことだ。そのために、「小さな枠」に収まろうとする根性を拭《ぬぐ》い去り、あなたが物事を大きく考え、自身の能力を存分に伸ばしていく手助けをしたい。

本書を手にした読者には、自分の人生を変えるべく大胆に挑んでほしいのだ。

あなたには「限界意識を吹き飛ばす気」があるだろうか。もしあるなら、まず次のことを意識してほしい。

1　自分の「無限の可能性」に心を開く

まずは**「自分には無限の可能性がある」**と信じることだ。

今、あなたは「自分の人生は全て思い通りにいっている」し、「成長の度合いにも十分に満足している」と自信を持って言えるだろうか。また、「やりたい」と思ったことには、ためらうことなく挑戦できているだろうか。

大抵の人は、「いや、そうではない」と答えるだろう。そして、もっと多くの経験を積み、見識を深め、より優れた人間になりたいと願っているはずだ。

しかし、多くの人の人生には、成長に向けて前進しようという気持ちを阻む「障害物」がある。その一番の「障害物」が、「自分の可能性なんて、この程度」という思いだ。

私は、どんな人でも成長できるし、いくらでも能力を伸ばし、可能性を広げていくことができると信じている。

その一方で、全ての人の能力には、ふたがかぶせられているとも思っている。中にはがっちりしまっていて開かないものもあるが、ふたというのは本来、開閉可能なものなのだから、全開にして、人生の可能性を思う存分広げていくことだ。

2 「常に自分を高めていく」と決める

「限界意識」を吹き飛ばすために次にしてほしいのは、**「常に自分を高めていく」と決める**ことだ。

成長し続けるためには、意識を高めていくことが不可欠だが、しかし、私自身、自分の意識を高めていくのには時間がかかったし、最初は他人の手も借りた。つまり、「私の蒙《もう》を啓《ひら》いてくれる人」を必要としたのだ。

先人が啓発してくれたおかげで、私は今でも、常に自分を高めていきたいと思っているし、「何かやるべきことはないか、何か大事なことを見落としていないか」と自問自答している。

自分を高めていく覚悟を持つと、自身の「進むべき道」が明確になり、自身の潜在能力を見極められるようにもなる。また、限界に挑戦する力も養われ、人を理解する包容力も身につく。さらに、影響力を持つ人との繫《つな》がりが生まれ、自身の長所を最大化し、短所を最小化することができる。ひいてはさらなる可能性への扉も開かれていくはずだ。

「自分を高めていく」ためには、以下のことを考えておくべきである。

■「新しい視点」で世界を眺める

人は、自身の人生観や価値観に基づいて世界を見ている。つまり、各人がそれぞれの「色メガネ」をかけて世の中を眺めているということだ。そのことを自覚し、意識して色メガネを外すことをしなければ、いつも「同じ視点」でしか、ものを考えられなくなる。

だから、成長し、能力を伸ばしていくには、意識して「視点」を変えていくこと。自分自身、そして自分を取り巻く世界を「新しい視座」で眺めることだ。

■自分に巣食う「怠け心」を自覚する

あいにく、「なんとなく生きている」だけでは自身を向上させることは覚束《おぼつか》ない。しかも、以下のような形で「怠け心」はすぐに顔を出してくるものだ。

- 言い訳
- 根拠なく成功を夢見ること
- 人の話に耳を貸さず一方的に話すこと
- 否定的感情を引きずること
- 気が散るクセ
- 反省の欠如
- 犠牲を払わずに経験だけを手に入れようとすること

今、意識の高い人も、大変な努力を積み重ねてきたからこそ、今がある。向上するためには自身を冷静に省みる力と自制心は不可欠だ。時には適切な人物に助言を求め、自身の弱点、盲点を指摘してもらうことも必要になるだろう。

■「得意なこと」に焦点を合わせる

次に「自分は人生で何に焦点を合わせていくべきか」を見極めること。「二兎《にと》を追う者は一兎をも得ず」という言葉があるが、人生では全てにエネルギーを注ぐことはできない。

では、何に焦点を合わせるべきか。もちろん自身の「得意なこと」にだ。「苦手」の克服に時間を費やしても、平均レベルまで行くのがせいぜいで、それでは全く意味がない。

成功するのは、「ほどほどに仕事をこなせる人」ではなく「一流の人」だ。

持てるエネルギーを自身の得意分野に投入し、磨きをかけること。それが「一流の人」になる最短ルートだ。

■「計画的に」成長する

人生に変化を起こしたければ、無計画に時を過ごしている暇はない。いつでも「自分をどう成長させていくか計画を立て、それに則って成長していくこと」を心がけてほしい。

そして、計画を立てたら、とにかく行動あるのみだ。「行動」に移すことで、初めて成長できるからだ。

3　自身を縛る「幻の鎖」を断ち切る

「限界意識を吹き飛ばす」ために意識してほしいことの三つ目は、「自分を縛る幻の鎖を断ち切ること」だ。

よく訓練されたゾウは、細いロープ一本で一カ所に留めておくことができる。アジアゾウのオスは、体高は三メートル、体重は四トンもあるのだから、ちょっと信じがたい話だが、これには秘密がある。

ゾウがまだ体重三五〇キロぐらいの子ゾウの時に、足に鎖をつけて木や杭《くい》に繋ぎ、鎖が届く範囲内でしか動けないようにするのだ。すると、ゾウはその範囲が自分の歩き回れる限界だと思い込む。そして、成長してからも、一度繋がれれば鎖のような頑丈なものでなくても、それを切って自由になろうとはしなくなる。

人間も同じだ。若い頃にあれこれ制限された経験があると、「自分はこの程度だ」と思い込んで足を踏み出すことができず、人生の旅に出られなくなる。自分にかけられたこうした制限、つまり「幻の鎖」は断ち切らねばならない。

「限界」には、実は実体などないと気づけば、やすやすと乗り越えていけるものだ。

「やらない理由」が頭をよぎった時は

「能力の限界」に挑戦するより「現状維持」に甘んじるほうが、遥かに楽だ。だが、自分を高めていきたい、限界に挑戦したいと思うなら、「やらない理由」が次々に頭をよぎっても、行動を起こすこと。

子供の頃、母方の親戚から自動車王ヘンリー・フォードの話を聞いたことがある。母のおじがフォードと知り合いだったのだ。

一八九〇年代半ば、フォードは自転車の部品と内燃エンジンを使って、自動車をつくろうと志した。作業は、妻と二人で暮らしていた借家の裏手にある作業小屋で行なった。

「この車が完成すれば、移動するのがずっと楽になる」と彼は考えた。もちろん疑り深い連中は「自動車なんてものができるわけがない」「そんな車が走れる道路はほとんどないからやめろ」と冷水を浴びせた。しかし、フォードは意に介しなかった。

一八九六年、フォードはとうとう、車を開発してクアドライサイクル（四輪車）と名づけた。ところが、一つだけちょっとした計算ミスがあった。車が大きすぎて、作業場から外に出せなかったのだ。

そこで、彼はどうしたか。作業場の壁を壊したのだ。「扉の大きさ」という限界に、フォードがひるむことはなかった。

世界初の四輪自動車を世に送り出すためにフォードが小さい作業場の壁を取り払ったように、あなたも「限界意識」という形ばかりの壁をぶち壊せば、多くの可能性に満ちた世界が広がっていくだろう。

2

「はみ出すこと」を恐れない

数年前、私のジョン・マクスウェル・チームのコーチ養成イベントでニック・ブイチチという素晴らしい人物と出会った。

ニックは発想力があるし、人と接する時の態度も卓越していて、ユーモアや温かさ、愛情にあふれた心の持ち主だった。まだ三十代前半の若さで、すでに本を五冊出版し、二本の映画に出演し、自らミュージックビデオを制作し、世界中で何億人もの人々に語りかけてきていた。

すごいことではないか。しかも、ニックには手も足もないのだから驚きだ。

自分の「持てるもの」を最大限に活用する

ニックは生まれつき四肢がなく、子供時代は苦労の連続だった。イジメを受け、孤独のあまり八歳で自殺を考えたほどだ。しかし、彼は耐え抜いた。信念を持ち、両親の愛情を信じ、世界を変えたいと思うようになった。そして自分の「持てるもの」を最大限に活用し、「限界」を次々に打ち破っていったのである。

彼は著書『それでも僕の人生は「希望」でいっぱい』（三笠書房）の中で、こう述べている。

子どもの頃に視覚と聴覚を失い、後に活動家・作家として有名になったヘレン・ケラーは、安定した人生などありえないといい切っています。

「自然の中にそのようなものは存在しない。（中略）人生は波乱に満ちた冒険か、虚《きょ》無《む》のどちらかでしかない」

人生にはリスクがつきものだとよくいわれますが、むしろ人生そのものがリスクなのです。慎重に進んでいても失敗の危険はあるのですから、失敗しても仕方ないという気持ちで、大胆にチャレンジしてみるのも、ときには必要です。

伝説的な綱わたり師カール・ワレンダの言葉を借りれば、こういうことになります。

「ロープの上を歩いている時だけ生きている。それ以外は待っているだけ」(1)

ニックは、「人々を勇気づける」ことこそが自分の「人生の目的」だと考えた。とはいえ、当然のことながら、はじめは経験も手腕もなく、講演の依頼も来なかった。そこで彼は手当たり次第に学校に電話をかけて、「イジメ」や「大きな夢を持つこと」「絶対に諦めないこと」について話をしたいと、自分のほうから交渉を持ちかけた。

五十二校に断られたのち、五十三校目がついにニックの申し出を受け入れ、講演料として五〇ドル払うと言ってきた。彼は興奮した。

だが、一つだけ問題があった。家からその学校までは、車で片道二時間半かかるのである。それでも諦めず、ニックは弟のアーロンにバイト代を払って、車で現地に連れていってもらうことにした。結局、ニックは十人の生徒を相手に五分間、話をしただけだった。たった五分間、話をするために、移動に五時間も費やしたのだ。

しかし翌週から、話を聞かせてほしいという電話が次々とかかってくるようになった。

依頼は増え続け、それから十年以上が過ぎた今では、ニックは毎年三万五千件もの講演依頼を受けるようになった。

夢を大きく持ち、常識にとらわれるな、と彼は助言する。

「世間の『あなたはこういう人だ』という定義にあらがえば、変人だと思われるだろう。『あの人は生産的な人生を送ることはできないだろうし、ユーモアのセンスもない。きっと毎日楽しくないだろうね』と陰で言われるかもしれない。

私たちは人を型に嵌《は》めようとする。その型からはみ出しているために、世間から役立たずだと思われたとしても、そんなのは嘘っぱちだ。気にせず、セカンドオピニオンを探そうではないか」(2)

「セカンドオピニオン」なら、私が提供しよう。

どんな人にも素晴らしい価値があり、すごい潜在能力がある。そして何事かを成し遂げる力がある。

「人は二十代のほとんどを自分に何ができるかを模索しながら過ごし、三十代になると、自分には絶対できないことは何かがわかるようになる。本当に難しいのは、四十代になって、『できること』と『できないこと』を整理することだ。つまり、自分の能力を見極め、限界を知り、最高の自分になることだ」

こう語るのはマコーム・コミュニティ・カレッジの大学交流担当副学長で、広報学教授のキャサリン・B・アーレスである。彼女のアドバイスは貴重だが、同時に私は年齢にとらわれる必要はないとも思う。二十歳になる前に自分の能力を見極める人もいれば、五十歳を過ぎてから能力を伸ばす人もいる。

前述したように、最初は**「意識一つで人生は変わる」**という**「自覚」を持つこと**だ。そして、自分の人生にふたがされていないかを確かめ、そのふたは外せるものなのか、外せないものなのかをはっきり峻別《しゅんべつ》することだ。

「自分がコントロールできること」に意識を集中

誰もが自分の限界を打ち破り、想定以上のことを成し遂げ、夢にも思わなかったことを実現できると私は信じている。その一方で、吹き飛ばせないふたがあるのも事実だ。

たとえば、いつ、どのような時代、あるいはどのような国、家庭環境に生まれてくるか。また、髪の色などの遺伝的要素については、自分ではどうすることもできない。これらは、そのまま受け入れて生きていくしかない。

その他にも、誕生間もない頃の人生は自分でコントロールできないし、不慮の事故に遭うなど不可抗力の事態に直面することもある。私の父は、自分の母親を六歳の時に亡くしているが、こうした心の傷も、人生のふたになり得るだろう。

「人生の目標」を達成するためには、こうしたことも理解した上で、**「自分がコントロールできること」に集中**し、能力を最大限に発揮していくことが肝要だ。

「成功とは無縁な人」が陥りやすい罠

ニック・ブイチチは「最大の誘惑とは、この世でやれることは全部やったと、今の人生に満足することだ」（3）と言う。

これこそが、「成功」や「目標達成」とは無縁な人々が陥りやすい罠《わな》である。大した成果も上げないうちから、「これ以上、登るべき山はない」とばかりに、腰を落ち着け、安《あん》穏《のん》と過ごしてしまうのだ。

これは、とんだ見当違いである。やれることは全部やったなんて、とんでもない。小説家のC・S・ルイスも「自己満足は人間にとって最大の敵」と言っているが、限界はまだまだ先にある。

「自分は、まだまだこんなものではない」と信じ、潜在能力を発掘すべく努力を怠らなければ、必ずや自分の進歩に目を瞠《みは》る時が来る。

「古今東西で最も賢い王」とされる古代イスラエル王国のダビデですら、子供の頃は家族や周囲から軽んじられていた。預言者サムエルが「次のイスラエル王には、ダビデが選ばれるだろう」と告げた時も、誰もダビデを「王の器」とは思っていなかったのだ。

ダビデのような「偉大なリーダー」でさえ、いくつものふたをかぶせられていた。私たちは大なり小なり、人から「お前は、この程度」と頭を押さえつけられているのだ。

この先、どんな自分になっていきたいか？

私は、読者に「もっと大きな成功」を収めてほしいし、「貴重な人材」になってほしい。だからこそ、私は読者にかぶせられているふたを外す役を引き受けようと思う。そして、読者には何よりもまず自分のことを信じてほしい。

「そんなことを言ったって、ジョンは私のことなど何一つ知らないじゃないか」と思うだろう。全くその通りだ。私には読者の詳しい生い立ちなど知りようもない。

しかし、人間には皆、信じられないほど大きな可能性がある。あなたも例外ではない。

今、ぶちあたっている壁がどんなに高く厚くとも、どんなに周囲から信頼されていなくても、どんなにつらい過去を抱えていたとしても、そんなことは「この先、何を成し遂げ、どんな人間になっていくか」とは、全く関係がない。

ニック・ブイチチならこう言うだろう。

「自分の人生を投げ出さないこと。そんなことをすれば、納得できない過去のつらい経験から抜け出せなくなる」

私は、読者を煽《あお》っているつもりは全くない。激励の言葉をかけてもらったり助けの手を差し伸べてもらったりすることで成功することはあれど、無責任な煽り言葉で人が勇気をもらい、成功することなどないからだ。

私の人生と関わりのあった人たちは、皆、私を信じてくれた。そのことが私の自信の源となっている。彼らは私を心から信頼し、激励してくれた。だから、私も一生懸命に努力し、自分に自信が持てるようになった。だから、私も読者のことを信頼する。これまで私が受け取ってきた信頼を、全ての読者に手渡したい。

私の望みは、あなたが自身の潜在能力を最大限に発揮し、自分を信じ、可能性を広げるための「道筋」をつけることだ。

「今までどのような人生を歩んできたか」は関係ない。今ここで自分の人生の「新たな物語」を書き始めるのだ。

ニック・ブイチチの言葉を借りれば、「前進する歩みを止めない限り、人生はどんなことでも可能だ。希望は持ち続けよう」。(4)

II部　限界意識を吹き飛ばす「七つの能力」

NO LIMITS

Ｉ部では、高い意識を持ち、自分の能力を押さえつけているふたを吹き飛ばすことの重要性について述べた。

Ⅱ部では、限界を打ち破るために伸ばしていくべき**「七つの能力」**——活力、精神力、思考力、対人力、創造性、結果を出す力、影響力について論じていく。

この「七つの能力」は、誰にでも備わっているものであり、**人生を支える「確固とした基盤」**とも言えるものだ。

脆《もろ》い砂地の上に強固な建物を建設するのは不可能だ。固く強固な地層であってこそ、ずっしりと重く大きな構造物を築けるのだ。それは人生も全く同じである。「七つの能力」という確固とした基盤があってこそ、人生は揺るぎないものになる。

そして、特筆しておきたいのは、これら七つの能力は互いに密接に連携している、ということだ。

一つの能力が高まると、連動して他の能力が高まり、相乗効果であなたの可能性は面白いように広がっていく。

◆　◆　◆

たとえば、「活力」つまり心身のスタミナが向上すれば、影響力（リーダーシップ）も向上し、人々を鼓舞し、動かし、導いていく力も高まっていく。

反対に、心身のスタミナのレベルが落ちれば、積極的に人々を導いていくべき場面で、それができなくなる。すると、時間をかけて有益で良好な人間関係を築いていく力、つまり「対人力」を磨く必要に迫られる、という具合である。

以下に見ていく「七つの能力」を伸ばしていけば、「人生の選択肢」は増えていく。その複合的な効果、可能性の広がりに、読者はきっと驚嘆するだろう。

3

活力

成果をつかみ取る「心身のスタミナ」

数年前、ジェフリー・デイビスの「千個のビー玉」という話を読んで、非常に大きな感銘を受けた。それは、ある年老いた紳士の話だった。老紳士は瓶にビー玉を入れていた。ビー玉の数は、彼が平均寿命を迎えるまでにあと何回土曜日が来るかを表わしていた。ビー玉を見るたび、彼は「人生はいつか終わる」ことを思い出し、「精一杯生きたい」という気持ちになった。

この話を読んだ時、私は人生の折り返し点に差しかかっており、これからの数十年をどう生きるべきかを模索していた。ちょうど自身の名前を冠した二つの新事業をスタートさせようとしていて、これからの時間を全てそれに捧げるつもりだった。

この「千個のビー玉」の話を読み、私も瓶いっぱいのビー玉を用意した。ビー玉の数は、私の人生が、あと何週間あるかを示していた。それをオフィスに置いて、毎週一個ずつビー玉を取り出し、スタッフ全員に私があとどれだけ彼らと仕事ができるか、目に見える形で示した。

私はこれをよいアイデアだと思っていたが、やがて問題が生じてきた。私の「勢い」がいつまで経っても衰えなかったのである。いつまでも私が組織に居座るのはよくないと思っていたが、私はそれまで以上に仕事が楽しくなり、辞めたくなくなった。私は自分でもどうすればいいいか、わからなくなってしまった。

しかし、ウィロー・クリーク・コミュニティ教会の主任牧師で、友人でもあるビル・ハイベルズの言葉が私の意識を変えてくれた。

私たちはバージン諸島のセント・トーマス島で語り合っていた。私の「ビー玉」の取り組みを知っていたビルは、二人でヨットに乗っていた時、私にこう言った。

「ジョン、もうビー玉はなくなってしまったのかい？　引退のカウントダウンなんかしている場合じゃない。まだまだやるべきことがたくさんあるじゃないか。一体何を考えているんだ？」

私は頬を一発張られたような思いで、目が覚めた。

ビルの言う通りだ。ビー玉を数えている場合ではない。なぜ、自分で自分の「限界」をつくったのだろう。今の仕事ほど、私がやりたいことはない。しかも、私は人々の人生に「変化を起こすこと」に自分の全てを賭《か》けているのだ。

翌年、アトランタで行なわれた会議の席で、私はスタッフにビー玉を入れた瓶を持ってくるように頼んだ。しかし、今度はビー玉の話をしながら、中身を床にぶちまけた。そして、私は気力と体力が続く限り、まだまだ働き続け、人々の価値を高め、変化を起こし続けることを高らかに宣言したのだ。

その結果はどうなったか。私は新たな活力が漲《みなぎ》ってくるのを感じ、また、**「時間」を管理するよりも、自身の「エネルギーの状態」を管理するほうが高い成果を上げるのに効果的**だということを学んだ。

なぜなら、一日は二十四時間、一年は三百六十五日というのは決まっているし、「人生の持ち時間」にも限りがある。だが、「エネルギーの状態」はいくらでも高めることができるし、そのことでより多くの業績を上げ、社会にインパクトを与えることができる。

スポーツ心理学の権威、ジム・レーヤーとトニー・シュワルツの言う通り、**「高い実績を上げるには、時間ではなくエネルギーこそが基本通貨」**（1）なのだ。

GE（ゼネラル・エレクトリック）の元CEOのジャック・ウェルチも、役員を採用する時は、特に**その人物のスタミナ（体力・気力）を他の資質より重視**したという。なぜなら、リーダーシップを発揮していくには、スタミナこそが重要と考えていたからだ。

エネルギーを投入する「優先順位」を決める基準

長年の観察から気づいたことがある。能力を最大限に発揮できる人は、何かが起こるのを漫然と待つことはせず、自分から行動を起こすということだ。そのためには「エネルギー」が要《い》る。「目的意識」と「集中力」も必要だ。では、どうすればエネルギーを高めることができるのか。それには「優先順位」を決めることが不可欠で、そのためには、次の三つの基準が重要だ。

①やらなければならないこと
②うまくやれること
③やっていると楽しいこと

③の「楽しいこと」をやっていれば、ほぼ間違いなくエネルギーが体に満ちてくる。②の「うまくやれること」をしている時も同じだ。対して、①の「やらなければならないこと」を渋々と仕方なくやっている時にはエネルギーは湧いてこない。ただし、「仕方なくやっていること」が利益や報酬に繋がる場合は別だ。この三つをうまく調節する力があれば、いつでもエネルギッシュに仕事に取り組むことができる。

「やらなければならない仕事」の中には、自分でやらなくてもいいこと、誰かに任せておけばいいこともある。そこを判別できるようになると、必要のないことにエネルギーを浪費することは減り、自分の情熱と才能に直結することにエネルギーを費やせるから、さらにエネルギーが湧いてくるという好循環が生まれるのだ。

活力を高め、守るための「五つの質問」

もし、エネルギッシュに仕事に取り組むために必要な、「自分の仕事を調整する権限」を自分が持っていないとしても、エネルギーを最大化することはできる。それには、次に挙げる「五つの質問」に答え、戦略を練ることだ。

五つの質問に答え、その答えに基づいて行動すれば、エネルギーは飛躍的に高まるだろう。

1 自分を「フル充電」できるのはどんな時か？

出張が多い私は、空港で過ごす時間が長いのだが、最近では様々な場所にコンセントが設置されている。携帯電話やその他の電子機器を充電したいという人々のニーズに空港が気づいたからだ。

しかし、携帯電話やノートパソコンの充電と同じぐらい、**「自分自身の充電」**にもっと気を配りたいものだ。そうすれば仕事の効率や満足度が「新たなレベル」に達することを実感できるに違いない。

人間行動学の専門家トム・ラスは著書『元気は、ためられる』（ヴォイス）の中で、自分を「フル充電」するために必要な三つのカギとなる条件を挙げている。

- **意義**——人のためになることをする
- **交流**——「消極的に過ごす時間」よりも「積極的に過ごす時間」を多く取る

・エネルギー――心と体の健康のために良いことを選択する（2）

トム・ラスの言葉に刺激を受けて、私は**「どうすればフル充電できるか」**と自分に問いかけてみた。以下に挙げた私の答えを参考に、あなたも自分を「フル充電」するために何が必要か考えてみてほしい。

■「得意分野」で生きる

「自分はこのために生まれてきた」と実感するのは、私の「一番の才能」を活かせる「得意分野」で活動している時だ。あなたが「生まれてきた意味」を感じるのは、何をしている時だろうか。

■家族と友人のために投資する

愛する人と思い出をつくったり、一体感を味わったり、共に学び成長する体験を分かち合えたりするのは、かけがえのない経験だ。私と妻は、毎年、家族全員と共に旅行する。素晴らしい思い出をつくり、良い関係を築くためだ。人とどのように関わっていくと、あなたはエネルギーを感じられるだろうか。

■人々の価値を高める

私は毎日、人々の価値を高める方法を模索《もさく》している。相手がチームのメンバーであれ、クライアントであれ、見ず知らずの他人であれ、人を助けるとエネルギーが湧いてきて、「人の価値を高めることこそ私の天職だ」と感じられる。人のためにどんなことをすると、あなたはエネルギーが体中に満ちてくるだろうか。

■健康管理を怠らない

正直言うと、私はあまり自分の体のケアをしてこなかった。運動もしなければ、適度な休みも取らず、食事にも無頓着だった。しかしここ数年で、自分の体と健康を気遣うことは、決して自己中心的なことでも、時間の無駄でもないことに気づいた。良きリーダーになるためには健康でなければならない。私がこの世に生まれてきたのは、人々を助け、私の才能を使って変化を起こすためだ。体がボロボロになっては、あるいは死んでしまっては元も子もない。健康を保ち、エネルギーを高めるためには、何をすべきか。

■常に「成長」し続ける

以前、友人が「成長とは幸福だ」と言っていた。そうだとすると私の人生は幸福とエネルギーに満ちている。何しろ私は多くの人を育て、会社をつくり、可能性を広げ、潜在能力を伸ばし、常に成長し続けてきたからだ。ネルソン・マンデラは「当たり障りのない生き方——あなたに可能な最高の生き方に遠く及ばない人生——で満足しているうちは、情熱が湧いてくることはない」と言っている。自分に活気が満ちてくる、あなたにとっての「最高の生き方」とは、どのようなものだろうか。

■神を意識する

私は海を見ながら、この文を書いている。大海原を前にした私のデスクの上には「おお、神よ。あなたの海はあまりに大きく、私の船はあまりに小さい」と書かれた銘板がある。私は信心深い人間なので、神の偉大さを思わずにはいられない。神の前で私は謙虚になり、素直に神に頼る。あなたが信仰を持っているなら、どうすれば神と繋がり、その力をもらうことができるだろうか。

以上が私が考えた「自分の充電のためのリスト」である。あなたのリストにはどんな項目が並ぶだろうか。時間をかけて、自分自身のリストをつくってみること。そうすれば意識的に「フル充電」できるようになる。

2　何が私を消耗させるか？

私は人の可能性に限界はないと信じているが、同時に、もともと素質が全くない分野にエネルギーを投入しても、それに見合った結果は手に入らないことも知っている。どんなに頑張ったところで、私はプロのバレエダンサーにはなれない。

得意でもない分野で出世競争を繰り広げても、エネルギーを浪費し、やる気が低下するだけだ。それはギャラップ社（訳注。アメリカの世論調査を行なう企業）の調査でも明らかになっている。

なぜ「持って生まれた能力」を伸ばそうとせず、「自分らしくないこと」に時間を浪費するのか。なぜ、自分の長所を見極め、活かそうとしないのか。

「流れに乗って泳ぐ」のと、「流れに逆らって泳ぐ」ことの違いを考えればわかる。前者はスピードと効率がアップするが、後者は体力を消耗するだけだ。前者は人を輝かせる。後者は死ぬほど頑張らないといけない（不愉快な環境で仕事をし、業績を上げなければならない）。

長所を活かし、粘り強く、必死で頑張れば、大成功も夢ではない。一方、不得手な分野で頑張るとヘトヘトに疲れる。

もう一つ、多くの人を消耗させるのは、変化に対応する時だ。変化を起こすには精神・感情・肉体の面でエネルギーを必要とする。そして、その変化を維持していくためには「強い意志」と「自制心」が必要だ。この二つは、皆が思っている以上に必要となる資質だ。

自分はどういう時にエネルギーを消耗するか、わかっているだろうか。何が自分を消耗させるかをしっかりと認識し、そういうものを避けられるような対策を講じなければならない。

3 「エネルギー源」は身近にあるか?

トム・ラスによれば、人間関係において、「物理的な距離」がいかに重要かを示す研究があるらしい。つまり、あなたの幸福に影響を及ぼすのは「遠くの人とのつき合い」ではなく、「毎日顔を合わせる人」「自宅から数ブロックのところに住んでいる人」「数キロ離れたところに住んでいる人」なのである。(3)

大切なのは、人に限らず、**自分にエネルギーをくれるものを意識して身近に置くことだ**。

必要な時に活力や気力を生み出すことができるように、私はいつも身近なところにエネルギー源を用意している。

たとえば、気持ちをビシッとさせたい時には、ｉＰｈｏｎｅで気の利いた名言を読んで気持ちを高める。原稿書きに行き詰まると、私の人生を変えてくれた本が並んでいる本棚を眺めて、自分の使命を思い出す。忙しく、自分が何をやりたいのかわからなくなりそうな時は、一年の目標を書き込んだファイルを見る。体がだらけている時は、ジムに行ってエクササイズをする。

私はこれで元気になれる。気分が落ち込んでいる時は、ごく親しい人に電話をかける。

読者も「自分を元気にしてくれるもの」を確認しておくといい。以下のカテゴリーから、自分のエネルギー源になるものを探してみよう。

音楽――気分を高めてくれる曲
思想――共感できる考え方
経験――元気が出るアクティビティ
友人――勇気をくれる人
楽しみ――気分転換になる楽しいイベント
精神――自分を強くするための精神の鍛錬

希望——インスピレーションを与えてくれる夢
家庭——愛してくれる家族
思い出——微笑《ほほえ》まずにいられない記憶
本——人生を変えるメッセージ

「エネルギー源」が見つかれば、あなたの活力も気力も体力も、驚くほど高まるだろう。

4 「一〇〇%のエネルギー」で臨むべきはいつか?

「エネルギーを高めること」が重要なのは言うまでもないが、「エネルギーを賢く使うこと」も、それに負けず劣らず重要である。必要な時は使い、必要でない時は温存する。エネルギーを浪費しないことの重要性をよく理解しておくこと。

たとえば、私の明日の予定はつまっていて、「ショータイム」、つまりビジネスの重要な予定が三回ある。まず午前十時に、セントルイス・カージナルスのマイク・マシーニー監督と、球界を代表する二十人の有能なリーダーと会うことになっている。午後二時には、私の五つの組織のCEOであるマーク・コールと、重要な問題を論じる。そして午後六時にはワンホープ（訳注　国際的なキリスト教団体）の代表ロブ・ホスキンズと、資金提供者との会合の準備や今後のビジョンについて話し合うことになっている。

明日、一〇〇％のエネルギーで頑張る必要がないのは、ランチ、車での移動時間、そして夜のレセプションである。

毎日の「ショータイム」がいつ、どのくらいあるのかは、自分で把握しておく必要がある。そして、「ショータイム」には一〇〇％のエネルギーで取り組まねばならない。

5　自分の人生に「余裕」はあるか？

気力・体力を最大化するために最後に自分に問いかけるべき質問は、「あなたの人生に余裕はあるか」だ。

「余裕」とは、「息抜きをしたり、考えたり、調整したりするための時間」のことである。余裕があれば、成長するための伸びしろをつくることもできるし、エネルギーを消耗しても再充電できる。

正直言うと、余裕を持つことは私にとって「永遠の課題」だ。余裕を持つという話になると、私は急に腰が引けてしまう。過密スケジュールに慣れきっているからだ。私は自分が生産性の高い人間だと自負しているが、余裕がなかったためにチャンスを逃してしまうことも確かにあった。

数年前、『ハーバード・ビジネス・レビュー』でエネルギーの管理の仕方についての論文を読んだ。そこで指摘されていたのは、人間にはあらゆる側面で「余裕」が必要だということだ。

一定の時間ごとに回復する時間を取らなければ、人は生理学的に長期間、高い肯定的感情を維持することができない。絶え間ない要求や予期せぬ課題にぶつかると、人は一日に何度も否定的感情——闘争・逃走反応——に陥るようになる。すると怒りっぽくなり、イライラし、不安に駆られ、情緒不安定になる。そのような精神状態の下では、エネルギーが失われ、人間関係に摩擦が生じる。闘争・逃走反応が起きれば、論理的、内省的思考ができなくなる。どういう出来事が否定的感情の引き金となるかを認識すれば、自らの行動を制御する能力が格段に高まるだろう。(4)

あなたは、不測の事態に備えるため、あるいは体力やメンタルを回復させるための時間的余裕をスケジュールに組み込んでいるだろうか。

スケジュールに意識して「余白」をつくることで新たなチャンスや未開拓のジャンルに出会うこともできる。余裕を持つことで自分を解放していけば、エネルギーをもっと賢く使えるようになるだろう。

自分のエネルギーについて、あなたはどれぐらい考えたことがあるだろうか。「自分の気力・活力・体力はこの程度だから仕方ない」と思っていないだろうか。もしそうなら、その見方を改めること。

まずは自分のエネルギーがどういう時に増減するかを観察し、行動を見直してほしい。エネルギーを消耗する行動はなるべく減らし、気力、体力が充実することに注力する。そして非常に重要なことが生じた場合に備えて、エネルギーを管理すること。それだけであなたの人生は変わるだろう。

4

精神力

「感情」に振り回されるな

もう何十年も前のことだが、インディアナ州の田舎町で私が牧師としてのキャリアをスタートさせた時、牧師は信徒のカウンセリングをすることが求められていた。私も大学で関連する授業をいくつか取っていてその役目を担ったが、大抵はうまくいかなかった。

私にはカウンセラーとしての才能が皆無だったことに加え、問題を抱えている人に「解決策」を提供するだけで、その後のフォローもきちんとしていなかったからだ。これではカウンセリングとはいえないし、今振り返ってみると、私の才能のなさ以外にも問題がいろいろあったことがよくわかる。

たとえば、彼らの多くが自分の「感情」に振り回されて、「自分の本当の姿」を見失っていた。また、「問題を解決したい」のではなく、単に「話を聞いてもらいたい」だけの人も少なくなかった。精神力が強いために、かえって人生の難題とうまく折り合えない人にもたくさん出会ってきた。

その頃の私は、なぜ彼らが感情に振り回されてしまうのか、理解できなかった。また、彼らの情緒を安定させるような優れた戦略も、私は持ち合わせていなかった。

しかし、今は違う。私が編み出した「戦略」を、ぜひ伝えていきたい。

「精神的プレッシャーに負けない力」の鍛え方

「感情をコントロールする力」が身につくと、私たちは逆境や失敗、批判、変化、プレッシャーに「前向きに対処」することができるようになる。

精神的プレッシャーといったストレスにうまく対応できないと、人間は疲労困憊《こんぱい》する。物事を途中で諦めたり、ノイローゼになったり、プレッシャーから逃れるために体に悪いことをしようとしたりする。しかし精神的プレッシャーにうまく対応できれば、自分の感情をうまく処理して、難関を切り抜けられる。そして、潜在的な能力を最大限に発揮していけるようになるのだ。

感情に振り回されない人とつき合う中で、わかったことがあるので、紹介する。あなたも実践してみてほしい。

1　自らの感情と「積極的に向き合う」

最も重要なのは、**「自分の感情と積極的に向き合う」**ことだ。精神的に強い人は、決して自分の感情の犠牲者になることはない。

研究者であり、教師でもあるM・アスチは著書でこう書いている。「忘れないでほしい。行動は感情に先行する」。つまり、自分の取った行動が、感情に影響を及ぼすこともあるというのだ。**感情を完全にコントロールすることは不可能かもしれないが、行動を通して感情を変えることはできる。**

私の好きな作家オグ・マンディーノの例を紹介しよう。

もし憂鬱になったら、歌おう。

もし悲しくなったら、笑おう。
もし病気になったら、二倍働こう。
もし怖くなったら、突き進もう。
もし劣等感に苛《さいな》まれたら、新しい服を着よう。
もし自信がなくなったら、大きな声を出そう。
もし貧しさを感じたら、これから手に入る富のことを考えよう。
もし無能だと感じたら、過去の成功を思い出そう。
もし私は取るに足りない存在だと感じたら、私のゴールを思い出そう。
今日、私は私の感情の主人になろう。（1）

私は「自分の感情の主人」になれるか自信はないが、少なくとも自分に害をおよぼす感情には必ずすぐに対処しようと思う。

人は皆、驚かされたり、急に人間関係が悪化したり、不意打ちを食らってダメージを受けたりするとショックを受ける。「どうしてこんなに人生は不公平なんだ」と、声を大にして言いたくなることもある。しかし、こうした「どん底」から這《は》い上がるには、とにかく行動するしかない。

「誰かが何とかしてくれないか」と願ったり、「こんなことは受け入れられない」と否定したり、泣いたり、悪態をついたり、文句を言ったり、愚痴ったり、誰かを責めたりしても始まらない。また、「ただ待っているだけ」では「どん底」から抜け出せない。ネガティブな感情を処理し、行動に移るのが早ければ早いほど、精神的なショックから早く立ち直れるし、精神的にも強くなれる。

「感情の主人」となるか、「感情に支配され続ける」かは自分次第だ。

2　自分を憐れんで、時間を無駄にしない

自分を憐れむ人はあらゆる状況を悲観的に受け取る。まるで世界中が自分を目の敵《かたき》にしているかのように、である。

愚痴を言いながら、チームのメンバーを引っ張っていくことはできない。ブツブツ文句を言いながら行動を起こしても、物事がうまくいくことはない。

難局に立ち向かい、自己憐憫《れんびん》に陥らないようにする方法は、人によって異なる。プロゴルファー、リチャード・リーが試合中のピンチに立たされた時の対応の仕方を紹介する。

彼とは、二度ほど一緒にプレーしたことがある。ある時、私はリチャードとディナーに出

かけ、その席で「今までもらった中で最高のアドバイスはどういうものだったか」と彼に訊《たず》ねた。

「ボールを受け入れること」

と、彼は答えた。私は大いに興味を引かれた。

「僕は生活のためにゴルフをしている」

と彼は続けた。

「一つひとつのショットが僕にとっては大切だ。トーナメントの勝敗は、ショット一つで決まるからだ。

まだ新人の頃、義理の母は、ミスショットをした時に僕が心底ガックリしているのが手に取るようにわかったらしい。それで意気消沈して、プレーにも悪い影響が出たりしていたから。

ある日、義母に言われた。『リチャード、ミスショットをしても、まだ何日か残っているのよ。どのゴルファーもそれは同じ。自分のボールに向かって歩いていく時は心を決めなければダメ。ボールの位置を見て悪いことばかり考え、否定的感情にとらわれてしまうのか。それともリカバリーショットで頑張ろうと思うのか。ボールの位置がどうあれ、いつもボールを受け入れてあげれば、いいリカバリーショットが打てるはずよ』」

リチャードは続けてこう言った。

「ボールがどこにあっても、僕はボールに近づいていって、ボールを受け入れる。それを心がけるようになってから、試合の結果はすごく良くなった」

リカバリーショットで頑張る！　これは難局を乗り越えるための素晴らしいやり方だ。

生きていれば、誰しも困難や不運に遭遇する。物事がうまくいかなくなった時、不運に見舞われた時、そして人生が公平さに欠けると感じた時、どのように反応し、どのような態度を取っているか。

どんな時も「起こり得る最悪のことは何か」と自問自答し、心の準備をしておけば、「リカバリーショット」で挽回《ばんかい》できるに違いない。最悪の場合でも、なんとか対処できるはずだ。

3　人間関係は自分でコントロールする

リーダーとして駆け出しだった頃、私は「有能なリーダー」とは、「全ての人を幸せにするリーダー」だと思っていた。私は誰とでもすぐ打ち解けることができたので、「全ての人を幸せにする」ため、誰とでも気持ちよくつき合い、落ち込んでいる人を励ました。ところが、それではただの〝八方美人〟にすぎず、実際のところ、私は他人の行動に人生をコントロールされていたのだ。

そんな時、メンターの一人だったエルマー・タウンズに言われた言葉にハッとした。

「ジョン、人間関係をコントロールするのは弱いほうの人間だ」

精神的に強く、感情に振り回されない人は、相手と気まずくなっても、相手との関係を継続していくことができる。しかし、精神的に弱い人はそれができない。

これが意味することは重大である。

精神的に強い人でも、「人間関係の力学」や力関係に無頓着であれば、相手にコントロールされてしまう、ということだ。しかし、もしこうした「人間関係の力学」を理解していれば、受け身になるか、力関係を逆転させるか、相手と距離を置くか、自分で選択できる。

教育学者のレオ・バスカリアは言う。

「この世の中で一番簡単なのは、『自分になる』ことだ。一番難しいのは、『他人が望むような自分になる』ことだ。そんな状態に追い込まれてはいけない」

これを読んでから、人間関係に対する私の見方は変わった。精神的に弱い人に合わせてしまうと、自身の持てる力を存分に発揮することができなくなると気づいたのだ。機能不全を起こしている人は、他の人を自分のレベルまで引き下げようとするし、普通の人は、他の人もみんな普通であってほしいと願う。同様に、優秀な人は、他の人にも優秀であってほしいと願う。

レオ・バスカリアの言葉に出会ったことがきっかけで、私はある発見をすることになる。まず、私はこれまで、自分が喜ばせたいと思っていた人たちを努めて客観的に眺めるようにしてみた。彼らは何を望んでいるのか。彼らの動機は何か。彼らはチームのビジョンを理解しているか。他者の利益を一番に考えているか。

次に、素晴らしいリーダーシップを持ち、成長、成功のモデルとなる人物を探し、分析した。彼らは何をしたか。何を優先したか。ビジョンをどのようにして達成したか。他者とどのように接したか。

この二つのグループを比較してみたところ、共通点は一つもなかった。そして、私は敬愛する後者の人々の前向きな生き方を手本にしたい。

このようなことを考えていくうちに、私のビジョンとは相容れない目標を持つ人たちを喜ばせたいという気持ちが失せていった。時には、古いつき合いを断ったこともあった。

人間関係は複雑で、思い通りに操ることは難しい。自分の人生のコントロールを失わず、かつ他人にコントロールされないための一つの方法は、「自分には夫や父、友人、ビジネスマン、そしてリーダーなど、様々な〝顔〟がある」ことをきちんと理解することだ。〝顔〟が違えば、人とのつき合い方も違ってくる。自分は今、どの役割を担っているのか、それによって自分はどう振る舞うべきか、人は一日のうちに何度も選択をしている。

最近読んだ、心理学者、ヘンリー・クラウドの書いた文章には、一人の人が持つ様々な役割の違いが美しく描かれていた。

ある人が起業した会社が一大企業にまで成長した。彼は引退するにあたって経営権を息子に譲ろうと考えていた。ある日、工場の中を歩いていると、息子がみんなの前で一人の従業員を怒りにまかせて打ち据《す》えているのを見た。彼は息子にオフィスに来るようにと手招きした。

「デビッド」と、彼は話し始めた。「ここで私は二つの顔を持っている。それはおまえのボスとしての顔と、父親としての顔だ。これから私はボスの顔になる。いいか、おまえはクビだ。私の会社であんな振る舞いはあり得ないし、従業員があんな扱いを受けるのも耐えられない。前にも警告したのに、未だに同じことをしているんだな。

というわけで、おまえはクビだ」

それからこう言った。「さて、これから私は父親の顔になるよ」

一呼吸おいて、彼は続けた。「息子よ、失業したらしいじゃないか。何か私にできることはないかい？」(2)

精神的に強い人は、人間関係を大切にする。特に関係が複雑になるほど、相手にコントロールされないように注意を払うものだ。

4 「コントロールできないこと」にエネルギーを浪費しない

ネルソン・マンデラは私の憧れだ。数年前、私はあるジャーナリストと、マンデラを知っている元囚人と共に、マンデラが収監されていたロッベン島を訪れた。そこではマンデラと彼に従う囚人たちが集まってアパルトヘイト撤廃を話し合った洞穴や運動場、マンデラが二十七年間の収監生活のうちの十八年を過ごした二・五×三メートルの独房などを見学した。

その独房で、私は十五分間だけ一人で過ごしてみた。マンデラになったつもりになって自由を夢見ながら、独房にあったマットに横になったり、格子窓から外を眺めたりした。

　そこを出る時、私はこう思った。偉大なる精神を投獄することはできない。夢を閉じ込めることはできない。

　その日、私は同行したジャーナリストといろいろ語り合ったが、常に頭にあったテーマは、いかにマンデラが**「自分でコントロールできないものに自分をコントロールさせなかったか」**だった。彼は過酷な現実に打ちひしがれることなく、可能性に集中し、素晴らしい結果を引き出したのだ。


「コントロールできるものはコントロールし、コントロールできないものにエネルギーを浪費しない」――これは、人生において最も重要な教訓の一つだ。

　私のメンターで、コンサルタントのフレッド・スミスは、

「『人生の現実』と『問題』の違いをよく理解すること。『人生の現実』とは、あなたがコントロールしたり、直したりできないもののことで、『問題』とは、あなたが対処できるもののことだ」

　とよく言っていた。私はこの素晴らしいアドバイスを決して忘れない。

　精神的に強い人は、交通渋滞につかまっても、荷物がなくなっても、嵐に遭っても、エ

ネルギーを無駄に使わない。それらは自分の力でコントロールできないものだと知っているからだ。その代わり、コントロールできることに集中する。

私が十六歳の時、父と車で出かける機会があった。この時、父は私を車の助手席に座らせて走り出す前に、グローブボックス（ダッシュボードについている小物入れ）に本を一冊入れた。そして、こう言った。

「運転をしていると渋滞に巻き込まれたりすることがある。そうなった時はこの本を出して、読みなさい。自分の力でコントロールできないことで時間を浪費しないようにしなさい」

それ以来、私は常に本や資料を持ち歩き、待たされている間も成長できるようにしている。「自分でコントロールできること」は全て自分で責任を持ちたいからだ。

・私の生き方――私の考え方や感じ方を決めるのは私だけ
・私の時間――どのように時間を過ごすか、誰と過ごすかを決めるのは私だけ
・私の優先事項――私の人生で、何にどれだけ時間を使うかを決めるのは私だけ
・私の情熱――私が好きなこと、私は何のために生まれてきたかがわかるのは私だけ
・私の可能性――成長するために何にコミットするかを決めるのは私だけ

以上が、私がコントロールしていることだ。そのせいで、私と共にいることを不愉快に感じる人もいるだろう。それでも私は自分を不愉快な人間だとは思わない。私が責任を負うべきなのは、これらのことにどう取り組み、どうエネルギーを使うかだけだ。

5　同じ過ちを繰り返して「違う結果」を期待しない

何度も同じことを繰り返しながら、そのたびに違う結果が出ることを期待するのは愚かなことだ。論理的に考えれば、「やっていること」が同じなら「結果」も同じで当然なのだが、多くの人は、「何か違うことが起きるのではないか」と期待する。なぜか。「自分のやっていることが結果に結びつかない理由」を、立ち止まって考えることも、やり方を変えてみることもしないからだ。

感情的に安定している人は、こうした罠に落ちないように注意を払っている。もちろん彼らも間違えることはある。しかし、よく考えて、そこから何かを学ぶ。

私が長年大切にしてきた原則に、**「反省は経験を洞察に変える」**がある。この原則に基づいた行動こそ、私の成長の基盤であり、知恵を得、感情に振り回されない力を養うのに役立った。

6　人生に「浮き沈みはつきもの」と知る

子供の頃に、「感情を支配する人は、都市を統治する人より偉大である」⑶という箴《しん》言《げん》を聞いたことがある。私は「自分の感情」を支配するのがどんなに大変か知っているし、そのための努力も忘れていない。「感情に自分を支配される」のではなく、「自分が感情を支配」できるようになりたいと思う。

リーダーになりたての頃、一人のメンターに、「リーダーという立場にあれば、二日続けていいことばかりだった、ということはない」と諭されたが、まさにその通りだ。リーダーに限らず、どんな人の人生にも「二日続けて、いいことばかり」ということは、あまりない。毎日のように嫌なことが起こって疲れ果て、精神的に落ち込むこともあるだろう。だからといって、手をこまねいて「どん底」まで落ち込んだり、やる気を失ったりしてはならない。

そしてまた、好事に有頂天になるのもよろしくない。成功は人を無頓着にする。全てが自動的にうまくいくと勝手に思い込み、努力をやめてしまうこともあるかもしれない。

「良い時」も「悪い時」もその影響を最小限に抑えるために、私は「二十四時間ルール」

を採用している。これは簡単に言うと、「感情の浮き沈みによる影響を受けるのは、原因となる出来事が起きた直後の二十四時間に制限する」ということだ。

素晴らしい成功を手にした時は、二十四時間だけお祭り気分に浸《ひた》る。チームのメンバーとハイタッチをし、勝利を噛《か》みしめ、互いの労をねぎらう。そして、その後は通常業務に戻る。「昨日の成功」が「明日の成功」をもたらしてくれるわけではないと、私たちは知っているからだ。「明日の成功」は「今日の仕事」にかかっている。

気持ちの高ぶりを鎮められない時は、より現実的に将来を考えてみることだ。ジム・コリンズの『ビジョナリー・カンパニー――時代を超える生存の原則』（日経BP社）に目を通し、創業当時は順調だったのに、その後失敗に終わった企業を全て調べる。自分の人生においても積極的に変化と改善を加え続けなければ、どんな失敗が起き得るかをリスト化してみる。あるいは、今、目の前にある課題を検討する。

同様に、大失敗を経験した時は、二十四時間はくよくよし、恨み節を口にしてもよい。黒い服を着て嘆き悲しむのもいいだろう。だが、タイムリミットが近づいたら、精神の安定を取り戻すためにやるべきことをやる。

たとえば前向きな友達と会う。ゴルフを一ラウンドする。不調だった時に得た教訓を誰かと共有する。これまでの人生で良かったことを思い出す。あるいは、人助けをする。

カギを握っているのは「行動」だ。良い時も悪い時も、行動を起こすことで「平常心」を取り戻せる。行動を起こす――それが「精神的な強さ」を保つ秘訣だ。

7 「悪戦苦闘」を受け入れ、急いで結果を求めない

変化に抵抗し、すぐに結果を求め、苦労のない人生を期待するのが、人間の常である。だが、このような期待は私たちの精神を弱らせる。なぜなら、人生には悪戦苦闘がつきものだからだ。精神的に強い人は困難を予測し、その困難に立ち向かうという経験が成長に繋がることを知っている。

精神的に強い人は、急いで結果を出そうとせず、労をいとわず、不屈の精神を持って困難に立ち向かう。本当の成功を手に入れるには時間がかかることを知っているので、試行錯誤を繰り返し、障害にぶつかっても諦めることなく前進し続ける。

そういう人は必要に応じて、すばやく、正しい決断をすることに注力する。一晩で方針を転換することはあっても、一晩で目的地に到達することはないと知っているので、何があっても全体像を見失うことはないし、途中で挑戦を諦めることもない。そういう人は『立ち直る力（*Resilience*）』の著者エリック・グレイテンズの著書が描く姿勢を具現化し

ている。

あなたは失敗する。特にはじめのうち、あなたは失敗するだろう。それはそれで構わない。それどころか、失敗は必要なことでもある。立ち直る力がないと、初めての失敗は最後の失敗になるだろう。優れた仕事ができる人は、失敗と共存できる。平凡な人間よりも優秀な人間のほうが多く失敗する。むしろ失敗しようとする。敢《あ》えて挑戦しようとする。山のように積み重なった失敗の上にこそ熟練の仕事が成り立つのである。(4)

グレイテンズは、人間はもがき苦しむものだと思っている。高いレベルに到達するには「課題への挑戦」が必要だし、最高の力を発揮するには「解決すべき問題」が必要なのだ。挑戦し続ける自分であるためには、まず感情をコントロールし、困難をありがたく思うようでなくてはならない。

感情をコントロールする力を高め、精神的に強い人間になるとは、毎日を新たな気持ちで迎え、精神的にニュートラルな状態から始めるということだ。いつまでもお荷物を心に抱えていては、いつまで経っても立ち直れない。

最近、スティーブ・ジョブズの考え方に触れて、**「新たな気持ちで再スタートを切る能力」**の大切さを再確認した。

ジョブズが言っていたのは、**「これまでの業績を一度白紙に戻して、初心に返れ」**ということだ。今月はちょうど引っ越しに備えて妻と荷造りをしていたので、このアドバイスが役に立った。私たちは、多すぎる荷物に、頭を悩ませていたからだ。

一カ月かけて、古いファイルキャビネットに一つ残らず目を通した。キャビネットの中には本を書いたり、講演をしたりする時に使えそうな資料がたくさんため込まれていた。引っ越すに当たって残すものと廃棄するものに分けながら、これらのファイルは私にとって、いつでもそこから資料を探し出すことができるという「安全装置」だったのだと気づいた。

しかし最近は書いたり、話をしたりする時に、自分自身の経験を参考にすることが以前より多くなった。ファイルから探すのではなく、自分の内面から考えやアイデアを引き出すようになったのだ。

長い年月をかけて収集したファイルを処分するとなれば、気持ちの面でも整理をつけなければならない。一つひとつ見ていくと、どうしてそれをファイルしたのか、それらのファイルをどんなに気に入っていたか、それを使ってどれだけ人助けをしたかを思い出した。

もちろん、「全部取っておきたい」という気持ちもなくはなかったが、私には「もっと成長したい」という思いがあった。結局、私が手元に残したフォルダーは十個にも満たず、あとは全て処分した。

これからは、何かあってもファイルを調べることはできない。今、私は理解しつつあるのだが、これは「安全圏」から「危険ゾーン」へと、あるいは「既知の領域」から「未知の領域」へと入っていくことであり、その際には、勇気と信念が必要だ。もちろん感情をコントロールする力も欠かせない。

5

思考力

「着想」から「実行」までの頭の使い方

私の父は大恐慌時代にオハイオ州ジョージタウンで育った。いつも勤勉で、努力家で、仕事に困ったことはなかった。

ティーンエイジャーの時、父は町に三軒あった裕福な家族の使い走りをし、人生を変えるような大発見をした。この三つの家族の人たちは、父の家族とも、町にいる知り合いの誰とも考え方が違っていたのだ。しかも、その三家族の考え方は互いに似通っていた。

父はまだ高校生だったが、こんな結論に達した。

「成功する人たちは、成功しない人たちとは考え方が違う」

こう結論づけた父は、成功する人たちの研究を始め、「考える力」を高めようと努力を重ねた。そして、そんな父の薫陶《くんとう》を受けた私たちきょうだいも、「考える力」を身につけることができたのである。

私が成功者のことを研究して得た結論も、父のそれと同じだ。優れた思考力がなくては、成功は不可能とまでは言わないが、非常に難しいと思う。「考える力」こそ、成功の基盤である。

閃いたアイデアをいかに形にしていくか

エネルギーレベルの高い人や多くのリーダーたちと同じように、私は「行動」を重視している。ゴールに到達するには行動が欠かせないことは確かだ。しかし、より大きな成功を手にしたいなら、行動力ばかりでなく「思考力」を高める必要がある。

アイデアをふくらませ、思考に磨きをかけるために、私が毎日行なっていることがある。それをマスターすれば、読者の「考える力」「思考力」は申し分のないレベルに磨き上げられる。そして「考える力」がつくほどに、多くのアイデアが閃《ひらめ》くようになるだろう。それらの着想や閃きに基づいて行動を起こせば、人生はより素晴らしいものになるはずだ。

1 「優れた考え」の価値に気づく

「考える力」をつけるためのスタートラインは「優れた考えには価値がある」と気づくことだ。「優れた考え」の重要性を理解していない人は多い。そういう人は、何かを思いついたとしても、それについて熟考したり、その考えに触発されて何か行動を起こしたりすることもない。ところが、優れた考えや思慮深くあることの価値に気づくことで人生はガラリと変わる。

2 考えを書き出して「見える化」する

言語学者、政治家のS・I・ハヤカワの**「書くことを学ぶとは、考えることを学ぶことだ。文章で明言しないうちは、何事も明らかにならない」**という言葉には、多くの真実が含まれている。「書く」ことは、自身の考えを深めることであり、自身の考えを明確にすることを強いる。さらに、思考は書くことで「視覚化」される。

しかし、「言うは易く行なうは難し」だ。ノーベル賞作家のアーネスト・ヘミングウェイの初稿のひどさは有名だが、首尾一貫した文章を書くには、何度かの書き直しが不可欠だ。私が初めて本を書いた時には、一ページ書き上げるために十ページ分は捨てねばならなかった。しかし、そうした苦労があったとしても、自分の考えを書きとめるのは有意義なことだ。

3 アイデアを「つかまえる」環境を整える

次に、閃いた着想を記録しておく優れたシステムを用意すること。思いついた良いアイデアを、忘れてしまわないようにするのだ。

以前の私は、鞄《かばん》には必ず、その時に読んでいる本と、思い浮かんだアイデアを書きとめるノートを入れていた。そして、書きとめたアイデアは、キャビネットにきちんとファイリングしていた。今ではｉＰｈｏｎｅを使ってアイデアを書きとめている。

幼い頃、私には考える時に必ず訪れ、腰かける岩があった。長じてからは、もう少し居心地のいい場所がいいと思ったので、オフィスにある椅子《いす》を「考えるための場所」に決めた。あなたも自分だけの「考えるための場所」をつくることをお勧めする。

それで思い出すのは、デルコ・エレクトロニクスの創始者であるチャールズ・ケタリングの話だ。ある時、彼は友人と賭けをすることになった。「私はあなたに小鳥を買わせることができるか」というのがそれで、ケタリングは一〇〇ドルを賭けた。友人は馬鹿げた話だと思ったが、賭けに応じた。

その年のクリスマス、ケタリングは友人のために美しく、凝った細工が施された高価な鳥かごを買って、友人の家に届けさせた。鳥かごは玄関の真ん前に置かれたのだが、客が友人の家を訪れるたびに、鳥かごの素晴らしさを誉め、なんと美しいんだろうと言う。そしてこう訊ねる。「で、鳥はどこにいるんですか」

とうとう友人は同じことばかり訊かれるのにうんざりして、小鳥を買った。

つまり「何かのための場所」をつくると、それにふさわしい行動を起こさなくては、という感覚が芽生えてくるということだ。あなたも「考えるための場所」を決めれば、きっと「あそこで何か考えなくては」という気になるに違いない。

4　着想したことの「真価」を見極める

次のステップでは、頭に浮かんだアイデアのうち、優れたものだけを磨き、卓越したアイデアへとレベルアップさせていく。

あなたも真夜中にうとうとしながら、何かを思いついた経験があるだろう。私はしょっちゅうだ。

しかし、朝になって自分が真夜中に書いたものを読み直すと、思ったほどよくはないことがほとんどだ。真夜中に閃いたアイデアのうち、実現させる価値のあるものは少ない。

ちなみに、いいアイデアは、着想を得てから二十四時間経っても、何かを語りかけてくる。だが、つまらないアイデアは、そうはならない。閃いたアイデアの真価の見極めに自信が持てない時は、次のように考えてみてほしい。

・その考えは、自分に何かを語りかけてくるか
・その考えは、他の人にも何かを語りかけるだろうか
・どのようにして、どこで、いつ、その考えを活用できるか
・その考えを伝えたり、実践したりすることが誰かの助けになるか

もし前向きな答えが出ないようなら、そのアイデアは次のステップに進めるだけの価値がないものとみてよいだろう。

5 「言葉にして語る」と全てが明確になる

閃いたアイデアを最大限に活用するには、そのアイデアをとことん考え抜き、慎重に検討するだけでなく、「言葉にして語る」ことが必要になる。

リーダーになって間もない頃、私は全ての解決策が明らかになるまで自分のアイデアを人に話そうとしなかった。多くの若いリーダーがそうであるように、「能力に欠ける」と人から思われるのが嫌で、アイデアを気軽に打ち明けたくなかったのだ。

しかし、慎重に考えた解決策が役に立たなければ、どちらにしろ能力に欠けると思われることもあるだろう。だから、今では、自分の考えは早めに人に説明するようにしている。

アイデアを言葉にして周囲に話すと、問題点も含めて全てが非常に明確になる。だから、アイデアのレベルを引き上げたいと思うなら、徹底的に周囲と話し合うといい。それには理由がある。

■アイデアに「感情的な重み」が加わる

自分の考えを文章にすると、その考えに「知的な重み」が加わる。考えが整理され明確になる。自分の考えについて話すと、その考えに「感情的な重み」が加わる。自身の「考え」と「心」が繋がるのだ。

こんな経験はないだろうか。頭の中では昔の悲しかった出来事を冷静に考えることができるのに、誰かにそのことを話そうとすると急に感情が込み上げてきて、話せなくなってしまう。これは考えを言葉にすることで、考えと心との間に繋がりが生まれたからだ。

■アイデアをふくらませる

言葉にして詳しく説明しているうちに、アイデアが発展、展開していくことがよくある。説明することでアイデアに命を吹き込み、より明確にすることができる。アイデアを誰かに聞いてもらうと、相手の態度から、そのアイデアの不明瞭な点などがわかることもある。相手からの質問に答えることも大切だ。

こうしたことは全てアイデアの改善に役立ち、あなたの「考える力」を伸長させるのにも効果がある。

6 テーブルに乗せて議論する

繰り返しになるが、私は若い頃、全ての問題を解決するのがリーダーの仕事だと思っていたので、不完全なアイデアを皆に披露するのは気が進まなかった。

しかし経験を積むうちに、自分一人では卓越したアイデアを考え出すのは無理だとわかった。

だからこそ、次のステップでは自分のアイデアを、思考力の優れた少人数のグループで共有し、さらに磨きをかけることをお勧めする。

それには次のような手順を踏むといい。

■**優れたアイデアをテーブルに並べる。**アイデアは、ずば抜けて優れている必要はないが、少なくとも優れたものでなくてはならない。

■**アイデアをより良くしたい気持ちを他の人たちと共有する。**大切なのは、自分の「提案者としての評判」ではなく、「少しでも良いアイデア」である。

■**質問する。**質問ほど考えに磨きをかける〝良い刺激〟になるものはない。

■最高のアイデアを採用する。最高のアイデアを採用すれば、勝利はあなたのものだ！

7「アイデアの試し打ち」をする

アイデアを数人のグループで議論し、磨きをかけたら、次はより多くの人にそのアイデアを披露する。言ってみれば、愛犬を連れて公園を散歩するようなものだ。皆がそれを見て、反応し、コメントする。

講演をする時、私はよくこの手を使う。まだ検討中のアイデアを聴衆の前で披露してみるのだ。そのアイデアがどれぐらい〝受ける〟かわかるし、時には会議室の温度が二度ほど上がったのでは、と思うほど盛り上がることもある。

あなたのことを知らない人や、事なかれ主義の人の前で自分の考えを披露すると、いろいろと学ぶことがある。自分のアイデアを母親など、いつでも何でも肯定的に受け止めてくれる人にばかり話していては、自分のアイデアは全てよいものだと思い込んでしまうだろう。

赤の他人や懐疑的な人たちに聞いてもらって初めて、自分の立ち位置も明確になるものだ。

8「問題点」を洗い出す

いいアイデアは、思いついてから二十四時間経っても、「何かを語りかけてくる」と前述した。これがアイデアの良し悪しを判断する指標の一つだが、他人にアイデアを披露した後、再び自分の着想について自問することが重要である。

「アイデアを披露したことで何がわかったか」を考え、さらに実現の可能性があるか、実行できるかを自問するのだ。あまりに気に入っているアイデアだと、そんなことを考える余裕もなくなるので、その点は気をつけること。

以前、私の会社の一つが有名な雑誌社と提携して、成功に役立つデジタル教材を制作したことがあった。アイデアを発展させていくうちに、どちらの会社の人間も、これは大ヒットすると思った。

ところがいざ市場に出してみると、期待したような反応は全く得られなかった。恐らく、初期段階において十分に問題点を洗い出しておかなかったからだろう。

このように残念な結果に終わったものの、それ以来、我々は必ず論点や問題点の洗い出しをするようになった。失敗した理由を明らかにし、過ちから学び、今後の仕事のやり方を変えていきたかったからだ。その結果わかったことは、**初期段階でいくつもの「問い」を立て、問題点を洗い出しておくと、最終段階で不明点や疑念、心配が少なくなる**ということだった。

「問い」が重要なのは、将来の失敗を避けるためだけではない。「本当にこのアイデアで大丈夫か」と問いかけ、精査する過程で、自身の考えも深まり、より緻密《ちみつ》に物事を捉えられるようになるからだ。

9「これなら、いける」と確信する

自分のアイデアが「なかなか、いいかも」という段階から「これはいける」という段階に進むと、すごいことが起こる。

「このアイデアは、なかなかいい」と信じている状態は、他人に出資してもらっているようなものだ。うまくいかなくても自分の財布は痛まないから、「うまくいけばいいなあ」と眺めている。

一方で「これならいける」と確信している状態とは、身銭を事業に注ぎ込んでいるのと同じだ。成功するために「やるべきこと」に邁進《まいしん》する必要があるし、投資額が大きければ大きいほど、利益も大きなものにしたいと思うだろう。

二〇一五年に『意図的な生き方（*Intentional Living*）』を出版した時、私はできるだけ多くの人にこの本を手に取ってほしいと考えた。そのため、私は外部のマーケティング会社と契約し、あるプログラムを考案し、無料の冊子を配布することにした。多くのお金を投資し、たくさんの時間を費やして何千冊もの冊子を配ったのだ。

なぜ、それほど多くのエネルギーとお金を注ぎ込んだのか。それは、私がこの「意図的な生き方」というアイデアを、まるで「自分の血を分けた存在」であるかのように感じていたからだ。

「人々の価値を高めたい」という思いと『自分はこうしたい、こうするんだ』という意図、意思を持って行動することが世界を変え、人生に大きな意味を与える」というメッセージを伝えるためなら、私はどんなことでもしようと思ったのだ。

二〇一六年に、南米のパラグアイで一万八千人もの人を対象に「意図的な生き方」についてのトレーニングを実施した際には、経費は全て自己負担し、政府機関、企業、教育機関でスタッフのコーチと共に無償で働いた。私はもちろん、私の組織、スタッフに、このアイデアとプロジェクトに対する熱い思い入れがなければ、こうしたことは実現できなかっただろう。

10 「実行に移す」という最大のテスト

アイデアを具体化し、プロジェクトとして立ち上げる時は、皆に何を知ってもらいたいか、何をしてほしいかを明確にする必要がある。

アイデアを具体化させることは「最大のテスト」になる。実行に移すことで、そのアイデアの本当の価値――さもなければ本当は無価値であること――が立証される。

パラグアイでのトレーニングは、まさにその実例だった。ほとんど全員が、この活動の意義、価値を納得していた。コーチの活動はニュースになり、新聞にも取り上げられた。そして大統領官邸から国会議事堂、近所のレストランまで、国中がこの話で持ちきりだった。

11 見事に「着地」させる

自分のアイデアを具体化させるのは非常にやりがいのあることである。しかし「結果」は最後までわからない。ちょうど体操競技の結果が最後の最後までわからないようなものだ。私の二人の孫娘は体操をやっているので、よく試合を見る。競技会では、床運動や跳馬の演技で観客から歓声が漏れることが多いが、いかに見事に空中で体をひねったり、回したりしても、着地が決まらなければ高得点には結びつかない。

つまり、**「着地」が重要**なのだ。いつだったか、米軍からスカイダイビングに誘われたことがある。私は大いに興味をそそられた。きっと爽快《そうかい》な気分を味わえるだろうと思ったものだ。しかし私は飛ぶことよりも、安全に着地できるかどうかが気がかりだったため、お誘いを辞退した。ジャンプする時は彼らが安全を図ってくれると信じていたが、私は膝が悪く、着地の衝撃に耐えられるか不安だったのだ。

あなたがこの本を読む頃には、パラグアイでの活動の着地点がはっきりしているはずだ。コミュニティを変え、より良い国に変えることができたかどうか——「結果」が出ていることだろう。

12 考えたことをアップグレードする——アイデアの熟成

「着地点」が定まり、プラスの成果が上げられるようになると、すっかりお祝い気分になる。成功を勝ち取るのは易しいことではないから、もし成功を収めたら、協力してくれた人たちに感謝し、それぞれの功績を認めてほしい。しかし、成功の美酒にいつまでも酔いしれていてはダメだ。常にアイデアを改善、向上させることを視野に入れておくこと。さもなければ大きなチャンスを逃すことになる。

自身の可能性を広げたいなら、能力を最大限に発揮し、成功を手に入れ、考えを深め、発展させること。卓越した「考える力」、そして「考え続ける力」を発揮すれば、その見返りは大きい。「考え方が普通の人」と「考え方が優れている人」では、冷凍庫でつくった角氷と氷山ほどの違いがある。角氷は小さくて、すぐ溶ける。氷山は巨大で、水上に出ているのはごく一部だ。その可能性は計り知れない。

6

対人力

「つき合う相手」で実力は見える

四十歳になった時、私は人生も半ばに差しかかったと感じ、「人生の棚卸し」をしようと思い立った。白状すれば、私が棚卸しの結果に満足することはなかった。私はすでに物事の優先順位を承知していたし、熱心に働き、結果を出すことに集中していたにもかかわらず、期待通りの影響力を発揮できずにいた。

そこで私が導き出した結論は、**「自分のことに重点を置きすぎていて、いい人間関係を築くために十分な努力をしていない」**ということだった。

この経験から、私一人ができる限りの努力を重ねても、私の能力を最大限に発揮することはできないと悟った。他の人たちと良い関係を築き、協力し合って、互いに能力を補い合うことが重要なのだ。その十年後、この時の経験を踏まえて、私は『これからのリーダーが「志すべきこと」を教えよう』（三笠書房）の中の「側近の法則（リーダーの能力は、最も近くにいる人の顔ぶれで決まる）」を書いた。

この三十年間、仕事上のキーパーソンとの関係を良好に保つことを最優先事項に掲げ、それによって「私」から「我々」へと、私の関心はシフトした。するとどうだろう。私の人生、そして私の能力は、素晴らしい、生産性の高い、長期的な人間関係によって大きく向上したのである。

長期的に「良好な関係」を築くための心得

私は**人生の成功も失敗も、その人の人間関係に大もとがある**と確信している。「つき合っている相手」を見れば、その人の人となりがよくわかるものだ。

これまで、建設的で、有益で、生産的な人間関係を築いてこられなかった人も安心してほしい。これから良好な人間関係の築き方を学んでいけばいいのだから。

以下に、私自身が実践し、良好な人間関係を長期的に築くために有効だと思う七つのステップを紹介する。

1 意識して「相手の価値」を高める

私は日々、「人々の価値を高めること」に情熱を注いでいるが、その情熱の根源は私の父にある。大学を卒業し、社会に出るにあたって父に助言を求めると、こう言われた。
「毎日、意識して人々を尊重し、相手の価値について考えなさい。人を信じ、無条件に愛しなさい」

この言葉が、旅人を導く北極星のように、五十年間、私を導いてくれた。

相手を尊重し、相手のことを気にかけることができないなら、人と良好な関係を築くことなど覚束ない。人間嫌いで、相手に敬意を払うことも、尊重することもできないのなら、成功への道は閉ざされていると思っていいだろう。心の底では見下している相手を、口先だけでおだてて動かすことはできない。

しかし相手を尊重し、その価値を認めているなら、その気持ちは自然と表われ、前向きな人間関係を構築していける。

2「自分自身の価値」を高める

人間関係を改善する手っ取り早い方法は何か。それは、より多くを人に与えるべく、自身を高めていくことだ。そのためには**「人生の豊かさ」を信じる心的態度**が必要となる。つまり全員に十分行き渡るだけのものがあり、自分はさらなる豊かさを見出し、増やしていく能力があるという考え方ができなくてはならない、ということだ。

私がそれを信じているのは、「人に与えれば与えるほど、さらに与えるものが増える」と知っているからだ。そう考えるようになったのは、自己啓発書の作家ジグ・ジグラーの「他人が望むものを手に入れる手伝いをしてあげれば、人生で必要なものを自分が手に入れようとする時、彼らが手助けしてくれるだろう」という言葉がきっかけだった。

与える人を目指して、自ら向上し、状況を改善していくとどうなるか。人に与えるほど、「与える能力」は向上していく。そうなれば、自分のアイデア、時間、人脈、影響力、才能を惜しみなく与えたい気持ちが高まっていくに違いない。

このように、「惜しみなく与える姿勢」で、私は日々、人々の価値の向上に取り組んでいる。

たとえば、講演の依頼を受けたら、私は必ず事前に、「私は何を話せばいいか、何が聴衆の役に立ち、彼らの組織の価値を高めることになるか」を主催者に確認する。私は、「話を聴く人の価値を高める」ために話をするのであり、私自身の価値を高めるために話をするわけではないからだ。

自分自身が向上すれば、周りの人を向上させる手助けができるし、自分自身の価値が高まれば、周囲の人々の価値を高めることもできる。その結果、あなたの「人間力」も高まるのである。

3 「相手の世界」に身を置く

数年前、ある講演会場に向かう途中で、レオ・バスカリアの言葉を目にした。

「私たちは、触れ合いや微笑み、優しい言葉、傾聴、心からの賛辞、ささやかな思いやりの持つ力を過小評価している。これらには人生を一八〇度変える可能性がある」

その日の午後の講演は大成功。最後はスタンディング・オベーションだった。私はすっかりいい気分になっていたが、ふとバスカリアの言葉が頭に浮かび、実はずっと自分のことばかり考えていたことに思い至った。私は完全に心得違いをしていた。

その講演で、私は聴衆を私の世界へと誘《いざな》っていた。しかし、そうではなく、私のほうから皆の世界に身を置かねばならなかったのだ。予定では、講演終了後に本にサインをすることになっていたので、その時間を全て、私に会いに来てくれた人のために使うことにした。サインをし、一人ずつ名前を書き込み、笑顔を振りまきながら握手をし、言葉を交わし、感謝の気持ちと、どれだけ相手を大切に思っているかを一人ひとりに伝えるのに二時間かけた。

その夜、一日を振り返りながら、もし参加者全員に「何が一番楽しかったか」と訊ねたなら、何と答えただろうと考えた。きっと講演終了後の、サイン会の時と答えただろう。だからこそ、私はいつも本にサインするのを最優先しているのだ。

講演の前に会場を歩き回って、聴衆の人たちと言葉を交わすことにしているのも同じ理由からだ。海外へ行くと、主催者の配慮で私と聴衆があまり接点を持たないようになっていることが多いが、私はなるべく人々の中に入っていき、なるべくゆっくり歩き、握手をして回るようにしている。

よく「リーダーは常に孤独だ」と言うが、この表現はあまり好きではない。それは断絶の兆候を示す言葉だ。もしリーダーが孤独ならば、それは「誰もついてきていない」ということだ。〝お山の大将〟になるのではなく、あるいは〝象牙の塔〟にこもるのではなく、皆と一緒に過ごすこと。

リーダーがメンバーのことを気にかけていることが伝わらないうちは、メンバーもリーダーのことなど気にかけないものだ。

4 「相手のために何ができるか」を常に考える

素晴らしい人間関係を築くには、「人に何かを求める」のではなく、**「人のために何かをする」心構え**が大切だ。自分が手に入れたものより多くのものを人に与える人は、人生でプラス面を伸ばしていける、ということだ。欲しがるだけ欲しがって、与えるものより自分が手に入れるもののほうが多い人はマイナス面が伸ばされていってしまう。これは誰にでもわかることだ。

私は人に対しては、常に「与える」ことを心がけたいと思う。相手が親しい人なら、なおさらだ。

私はどんな人間関係も当たり前だと思ったことはない。「あの人とつき合えば、何かいい思いができる」といった考えなども、持ったことがない。そういう考え方は人間関係をダメにする。

そして、人間関係というものは絶えず変化していく。ほったらかしにしておけば、その関係はしおれていってしまう。だから、常に関係を育み、深めていく必要がある。そして、誰かの人生にプラスになるような人間であり続けるためには、相手を尊重し「価値を高める」という意識を常に持ち続けることだ。

5 「裏表のないつき合い」をする

良き友になる才能は、今の世の中では軽く見られたり、見過ごされたりしていると思う。エリック・グレイテンズは、『立ち直る力（*Resilience*）』という著書の中で、アリストテレスの言葉を引き合いに出し、良き友について次のように書いている。

アリストテレスは、深くつき合える真実の友――アリストテレスは、しばしば「完璧な友」と表現している――は、感じがよく、有益だが、いつも感じよく有益であろうとしているわけではない。あなたにしても同じだ。親友が関心を失ってしまうのではないかと不安に思うことはない。親友となら、ただ一緒にいるだけで十分なのだ。

アリストテレスは、深い友情とは、それ自体が目的なのだと述べている。友達の助けを借りて、より素晴らしい人生を送ることが我々の目的ではない。時間をかけて友情を育てようとするのは、友達あってこその素晴らしい人生だからだ。事実、アリストテレスはこう言っている――そして、そう信じている――そのような友情なくして、人は最高の人生を送ることも、最高の自分になることもできない。最高の友は我々を支えてくれることもあれば、我々に挑んでくることもあり、閃きを与えてくれることもある。(1)

グレイテンズが言うような関係は、調和の上に築かれている。不安定で、浮き沈みの激しい人間関係は安心できないし、気を使ってつき合っていても楽しいことは何もない。腫《は》れ物に触るように扱わねばならない相手や、何かひと言、口にすれば関係が危うくなるような相手とは良き友にはなれない。

アリストテレスが言うような「真の友人」に自分がなるためには、頼りがいがあって、裏表のない人間になることだ。「あの人は信頼できる」と、友人から思われなければならない。

私は、私のことを頼ってくる人に対しては裏表なく接し、信頼に足る人間になろうと、ずっと努力してきた。ここで、そのコツをいくつか紹介しよう。

■相手の「一番いいところ」を信じる

イギリスの小説家、詩人のラドヤード・キップリングは、「あらゆる人の最善の部分を信じるほうが好ましいと思う——そうすれば、大いに手間を省ける」と言っている。彼は正しい。

私は人を見る時、その人の「本来のあるべき姿」を見ている。その人の「一番いいところ」を信じていれば、間違いを正したり、矯正したりする必要はない。誰かが他の人の間違いを正そうとしているところに出くわすと、私は微笑まずにはいられない。そして思う。「あの人は自分だって完璧ではないということを知らないのだろうか」と。

他人の「最善の部分」を信じていれば間違いはない。もちろん、私も誰かに大きな期待を寄せていたのに、とんだ見当違いに終わることがあるが、それでも構わない。他人に対する信頼の欠如が、その人やお互いの関係にプラスに働くことはない。人間は誰からも信頼されていない時よりも、「誰かから信頼されている」と思った時のほうがよい方向に変わっていけるものだ。

■人の行動に影響されない

自分の生き方や感じ方が、他人の行動に影響される人が少なくない。

私は、自分で自分の生き方、感じ方をコントロールするため、そして「つき合いにくい人たち」の行動に振り回されないために、あることをしている。

私は普段、知り合った人に二つの点数をつけている。

一つ目の点数は、私のその人に対する信頼を示す「信頼点」だ。全員に十点満点の可能性があると思っているので、全員、十点からスタートする。そうすれば、誰にでも丁寧な対応ができるし、相手もその信頼に応えようと頑張ってくれる。

二つ目の点数は、相手との個人的な経験とやりとりに基づいた点になっている。私はこれを「経験点」と呼んでいる。信頼点を十に設定することにしているのに対し、経験点は彼らの行動に応じた加点方式で決めている。

その人が人の扱いがうまく、約束を守り、人々の価値を高め、有能であるとわかれば、点数は高くなる。その人が自己中心的で、働きが悪く、乱暴で、消極的なら、点数は低くなる。

点数は絶えず変化するが、いつまでも消極的な態度で、点も低いとなれば、その人とのつき合いを控えるようにする。そうすることで、他人にコントロールされないようにするのだ。

■困難にぶつかっても、人間関係を重視する

人とのつき合いが難しいと感じる時もある。トップの立場にある私は、社員を解雇しなければならないこともある。組織のトップとして解雇したとしても、個人的な関係までも切らなくてはならないわけではない。

退職者面談では、「うまくいかなかった経験から学ぶべきことは学んでほしいこと、退職後も友人関係を続けたいこと」を退職者に伝えている。できることなら、つき合いは続けていきたいと私は思うが、相手がそうでないなら、それでも構わない。相手に指図することはできない。私にできるのは、「私自身がどうするかを決めること」だけなので、私はずっと友人であり続けたいと願うばかりだ。

■無条件で人を愛する

無条件の愛は、最大の贈り物である。無条件の愛を受け取った相手は、深い安心感を覚え、自分の価値に目覚めることができる。なぜそんなことがわかるのかと言えば、母が私を無条件に愛してくれたからだ。私も人に対してそうしたいと思っている。

人は皆、どんな状況にあっても信頼し、支え合える、変わらぬ友情を求めている。もし、友人にとってそういう人間になりたいと考えているなら、素晴らしい人間関係が築けるし、

より充実した人生を送ることができるだろう。

こう言うと、「そういうつき合いを全ての人とすることはできない」と反論する人もいると思う。それは真実だ。中には、すごくつき合いにくい人もいる。しかし、そのような人に対する時にも、相手が期待する以上に、その人とうまく接することを心がけ、その人の能力を伸ばしてやることである。

ジャーナリストのブライアン・ベテューヌがネルソン・マンデラを評して言った言葉が私は好きだ。

「彼（マンデラ）は、彼と渡り合った敵よりも偉大であり、後になって我先に彼を讃《たた》えた西洋の及び腰のリーダーたちよりも偉大であり、彼の遺産を巡って争っている彼の家族よりも偉大である。『全ての人の心の奥底には』と彼は述べている……『慈悲と寛大さがある』」(2)

私自身にこの言葉は当てはまらないが、そうなろうと努力はしている。

6 「経験」を「素晴らしい思い出」に変えていく

私が見るところ、多くの人はいい人間関係を築くために「経験」を最大限に活かすことができていない。「経験」を最大限に活かすために、不可欠なことが二つある。「経験をする前に意識をすること」と、「経験の後に振り返ること」だ。そうすることで、経験を「素晴らしい思い出」に変えることができる。

最近、私は妻のための感謝日記をつけている人の話を読んだ。それは素晴らしい思いつきだ。そこで、私はその日から妻のマーガレットのための感謝日記をつけ始めた。私の心に響いた妻の行動に注目し、なぜ心に響いたのか、妻の行動にはどういう特徴があるか、妻のどういうところに感謝しているのかを、毎日、妻に内緒で書きとめた。

私はそのノートを感謝祭の日に妻に渡して驚かせた。彼女は泣いて、今までで一番のプレゼントだと言った。

非常に興味深かったのは、このプロセスが私に与えた影響のほうが、妻に与えた影響より大きかったことだ。私は、感謝日記をつけるために彼女のプラスの面を見るようになり、その結果、マイナスの面には目が向かなくなったのだ。これは私たち夫婦にとって大きな収穫だった。

あなたも、

「あなたが私にこう言ってくれたのを覚えています」

「これを一緒にやった時のことは決して忘れません」

こうした言葉を意識的に相手にかけることで、お互いが共有している経験を思い出深いものに変えることができるし、絆《きずな》を深めることもできるのだ。

昨年のことだ。私はゴルファーのジャック・ニクラウス家の新年を祝うディナーに招待された。私は新参者だったようで、ニクラウス家では三十年前から毎年大晦日《おおみそか》に友人たちを招待していることがわかった。真夜中近くなると、みんなが中庭に集まり始めたので、私もついていった。

ニクラウス夫妻が十二時ちょうどに中庭にある鐘を鳴らした。その後は、招待客が一人ずつ順番に鐘を鳴らし、ニクラウス夫妻と抱擁を交わした。

私が素晴らしいと思ったのは、「鐘を鳴らし、夫妻と抱擁し合う」という三十年間の伝統が素晴らしい思い出をつくり上げていたことだ。ニクラウス夫妻のおかげで、友人たちにとって大晦日が特別なものになる。

特別な日を祝う習慣や思い出は誰にでもあるが、私があなたに望むのは、**「日々の経験」を「忘れられない思い出」にすること**だ。

たまに派手なことをやるよりも、ささやかなことを繰り返しやるほうが効果的だ。いずれにせよ、意識的に「特別な時間」をつくるとよいだろう。

7 「次のレベルに高めてくれる人」を探す

良好な人間関係を築くための最後のステップは、自分にとって「望ましい人」と出会い、共に時間を過ごせるような立場に身を置くことである。つまり、**「あなたを次のレベルに高めてくれる十人の近くにいろ」**ということだ。

私は、いつも「私より物知りな人」とつき合いたいと思うし、尊敬している人や知り合ったばかりの人には、「私は誰に会ったらいいでしょうか」と訊ねることにしている。この質問は何よりも大きな成果をもたらしてくれる。「誰と知り合いになるべきか」を知る最善の方法は、知り合いに訊ねてみることだ。

望む人脈を築いていくためには、**自分から「意識的に動く」**ことをお勧めする。漫然と出会いの機会を待っていても、いい人とは巡り合えない。

あなたはどんな人と繋がりを持ちたいのだろうか。友人たちとのディナーの席で教わったよいアドバイスがある。その晩、私と友人たちは「今までで、一番よかったアドバイス」について話していたのだが、その席で、友人の一人がこう言った。

「僕はいつも十歳年上の人にアドバイスを求めるんだ。『あなたが自分自身と人生について学んだことで、私も知っておいたほうがいいことは何ですか』とね」

私は好奇心をかき立てられ、説明を求めた。彼の話は大いに示唆《しさ》に富んだものだった。

彼の説明によると、アドバイスを求める人物は、彼にはない知識と経験を持っていて、同時にある程度年齢が近く、共通した価値観を持っている人が適しているという。

「歳の差が十以上あると、僕が知りたいことはもう忘れてしまっていたり、もう彼らにとって重要でなくなっていたりするんだ。僕が人生のどの辺りにいるか、よくわかってくれて、僕が数年後に経験しそうなことをすでに経験しているぐらいの歳の差がある人が望ましい」

この言葉を参考に、自分の成長と学びを助けてくれる人を見つけてほしい。

人生に必要な人間関係を積極的に構築することが、なぜ重要なのか。それは、豊かな人間関係を築くには、それを可能にしてくれる人と巡り合う必要があるからだ。この考え方を、私は『ビジョナリー・カンパニー』の著者、ジム・コリンズから学んだ。**人生で最も大切なのは、どんな人に出会うかという「運」**だと、彼は教えてくれた。

つまり「人生でどんな人物と出会って、親しくなるかが、あなたの人生における成功を決定づける」のだ。

私もその通りだと思う。

実業家で、慈善家でもあるアンドリュー・カーネギーは、「人間は、自分一人よりも人の力を借りたほうが良い仕事ができることがわかるようになると、大きな成長を遂げる」と主張しているが、全くその通りだ。

「あなたが必要です」というたったひと言で、人に助けてもらうことができる。

「あなたが必要です」と言われた相手も、「自分が手伝えば、相手は成功する」と思えば、喜んで手伝ってくれるものだ。

人々の価値を大切にし、彼らの世界に身を置き、彼らの価値を高め、彼らの友達になることが、あなたの人生をより良いものにしてくれるだろう。それだけではない。そうすることで、「人との絆を築く力」が向上し、自分の可能性も広がり、人生はより良くなるだろう。

■ ■ ■

7

創造性
「新たな打ち手」が閃く瞬間

大学一年生だった私は、ある日「心理学入門」の授業で、「創造性」について診断するテストを受けた。テストの結果を見て、私は愕然《がくぜん》とした。クラスでも最低レベルの創造性しかなかったからだ。

私はひどく落ち込んだ。それまでいろいろなテストを受けてきたが、こんなに低い点数は初めてで、やる気を失った。

これから牧師になって、大勢の人を前に話をすることになるのに、退屈な話しかできないなんて許されない。

「創造性に欠ける人間が創造性を発揮するには、どうすればいいだろうか」

クラスが終わって、私が考えたことは二つ。一つは、「創造性に磨きをかけない限り、自分の能力を最大限に発揮できない」。もう一つは、「どんなに大変でも、『創造的になるための方法』を見つけなければならない」だった。

あれから五十年、今は多くの人が私のことをかなり創造的だと言ってくれる。私のチームのメンバーたちは、「創造的な選択肢」や「創造的な解決策」を求めて私に相談しに来る。

創造性を伸ばせば、人生は大きく改善する。創造性に自信のある人は、より的確な選択ができる。方向転換する時も迷いが少ない。そして、一見すると解決困難な問題であっても解決策を見つけられる。常に新しい可能性を見出し、状況改善のために周囲と協働して結果を出せる。

そして、創造性が伸びると、大きな課題に取り組む勇気が湧いてくるのだ。

問題解決力を高める「創造性」を身につける方法

世の中には、息をするのと同じぐらい簡単に創造性を発揮し、世界を変えてしまう才能に恵まれている人がいる。私たちは皆、生まれた時は創造性に富んでいるが、成長するにつれ、それを失っていく人が多いようだ。ジュヴナイル小説（思春期向けの小説）の作家、マデレイン・レングルは言う。

「子供はみなアーティストだ。そして子供たちの多くが、成長するにつれて創造性や自由な想像力を失ってしまうのは、我々の文化の非難されるべき点である」

創造性はあなたの中にある。それを再び目覚めさせ、創造性に新たな道を切り開いてやればいい。

これから創造性を高めるための八つのコツを紹介する。クラスの一番下から始めて、仕事で創造力を発揮することができるようになった私が実践したものだ。あなたも八つのコツを一つずつ実践していき、「創造的な問題解決」ができる能力を高めていってほしい。

1 「答えは必ずある」と信じる

reactive（受け身的な）と creative（創造性のある）は、cの位置が違うだけで、全く同じアルファベットからできている。創造性を高める旅に出ようと決心した私が最初にしたことは、cを変えることだった。c（= challenge）つまり「課題」に直面した時の意味づけ、自問の仕方を変えたのだ。

それまでの私は、課題に直面すると、「答えはあるのか」と自問していた。

しかし、ある時から、どんなに難しい問題や状況に直面しても、**「答えは必ずある。答えは何だ」**と自問することにしたのだ。


課題に直面した時に「答えは必ずある。答えは何だ」と考えることにした私に対して「頑固だ」と批判する人たちもいたが、このやり方は私に良い結果をもたらした。アマゾンの創業者、ジェフ・ベゾスが、

「私は生まれつき楽天家だ。『ジェフ、君は自分を欺《あざむ》いている。問題は未解決のままだ』と、いつも言われてきた。しかし私はそうは思わない。ただ時間がかかり、いろいろな実験を忍耐強く行なう必要があるだけだ」(1)


と言っているのを聞くと、意を強くするばかりだ。

ベゾスのような創造性に富んだ人たちが「解決不可能」な問題に、時間をかけ、忍耐強く取り組み、実験を繰り返すのはなぜだろう。それは、**創造力を発揮するには、時間と忍耐と実験が不可欠**だからだ。

答えはあると信じて、はじめの一歩を踏み出さねばならない。

2 答えは一つとは限らない

創造性を高めるための二つ目のコツは「答えは一つとは限らない」と知っておくことである。

若い頃、私は何か質問されると、すぐに自分で答えを出し、その答えが最善だと信じて皆にそれを教えていた。私は自信満々で、人の意見を聞かず、「何でも自分が一番」だった。

子育てのことなら、私がお答えしましょう。教会の発展のことなら、私のやり方をお教えしましょう。これが絶対正しいやり方です。プロアメリカンフットボールの最強チームはどこか、リーダーシップについての良書ならどれがいいか、どこに住めばいいか、とにかく何かするなら、私が正しい答えを教えてさしあげましょう……という具合だ。

その後、自分の子供を持つようになって、実は私は子育てについてほとんど何も知らないことを知った。また、私と違うやり方で、私より大きく教会を発展させているリーダーたちに出会った。もちろん私の選んだアメフトのチームが王座決定戦であるスーパーボウルに出場しないことなど、しょっちゅうだ。

そういうことが続いた後、ようやく私も、**世の中のほとんど全ての問題には、答えが一つ以上ある**ことがわかった。

若い頃の私の解決方法は、「一つしかない正しい答え」を深掘りして見つけるというスタイルだった。

今は広い視点を持ち、「できるだけたくさんの答え」を見つけるようにしている。選択肢の長いリストをつくって初めて、「さあ、どれが最善の選択でしょうか」と言うことができる。

もしあなたがリーダーなら、私が自分のスタッフに対して実践している次のやり方を採用するのもいいかもしれない。

問題を抱えたスタッフが私のところに相談に来る時には、少なくとも「三つの解決法」を用意してくるように言う。そうすれば、相手の創造性を高めつつ、先入観を持たずに多くのアイデアや意見を検討できる。そして、相手が、より柔軟に変化に適応していけば、さらに効率的、生産的に仕事ができる。

私自身の経験から言うと、「答えは必ずある」と考えるようになってからは、私の創造性は高まり、「答えはたくさんある」ことに気づいてからは、創造性は飛躍的に伸びたのである。

3 「もっとうまいやり方」を常に考える

アーティストであれ、発明家であれ、ビジネスマンであれ、教師であれ、創造的な人というのは、何をやるにしても、**「もっとうまいやり方があるはずだ」**と考え、それを見つけようとする。

全ての人、あらゆる物事が「今よりも改善していく」と信じていれば、あなたは自信を持って人々を助けて、変化を起こすことができる。そして、問題を解決し、目標に到達する道を見つけるための閃きを得られるだろう。

4 「いい質問」は「創造性に富んだ答え」を引き出す

いい質問は、必ず創造性を高めてくれる。私の一番好きなフレーズは、「もし～なら」だ。そう問いかけることが、驚くほど「創造性に富んだ答え」を導き出すきっかけになる。

数年前、私は『人を動かす人の「質問力」』(三笠書房)という本を書いた。この本の中では、「リーダーの立場でする質問」について説明した。今回は、**「創造性を高めるのに役**

立つ質問」を紹介しよう。

■「どうすればもっと良くできるか？」

すでに成功を手にしている人にとって、この質問は理想的だ。一度成功すると、もう安全だという誤った感覚に陥りがちで、目標は達成されたと思ってしまう。しかし成功に成功を重ねていくのを阻む最大の障害は、過去の成功である。

大学バスケットボールの伝説的監督、ジョン・ウッデンは毎日、**「どうすれば、チームをさらに良くできるか」**と自分に問いかけるという。ウッデンは全米制覇十回を誇る、大学バスケットボール史上最も成功した監督だが、それでも満足することなく、常に自分に問いかけ、チームを勝利に導く創造的な戦法を編み出し続けた。

■「自分を向上させるために何ができるか？」

私は毎日向上し続けたいという思いに取りつかれている。これまでの成功の余韻《よいん》にひたっている暇はない。賞賛されるのはありがたいことだと思うが、これまでの成功は、所詮、過去のものでしかない。

私の自分への問いかけは、「今日、私は何をしているか」である。

これまで生きてきて、私は自分としては五回、自分を改革してきた。もし私が世間に与える影響力をより大きく、より良いものにしたいと思うなら、私は自分自身とチームを絶えず向上させていかなければならない。

■「ふさわしい人を集められているか?」

「対人力」について述べた時、私はジム・コリンズの「運」に対する考え方について説明した。周りにいる人によって、創造性は左右される。あなたに必要なのは、心構えができていて、しかも夢を見ることができる人だ。そして問題の答えを見つけるには、あなたに負けず劣らず粘り強い人が必要になる。

■「全てを創造性に結びつけるにはどうするか?」

私の創造性が画期的な飛躍を見せたのは、**創造性とは「何か」と「何か」を結びつけること**だと気づいたからだ。

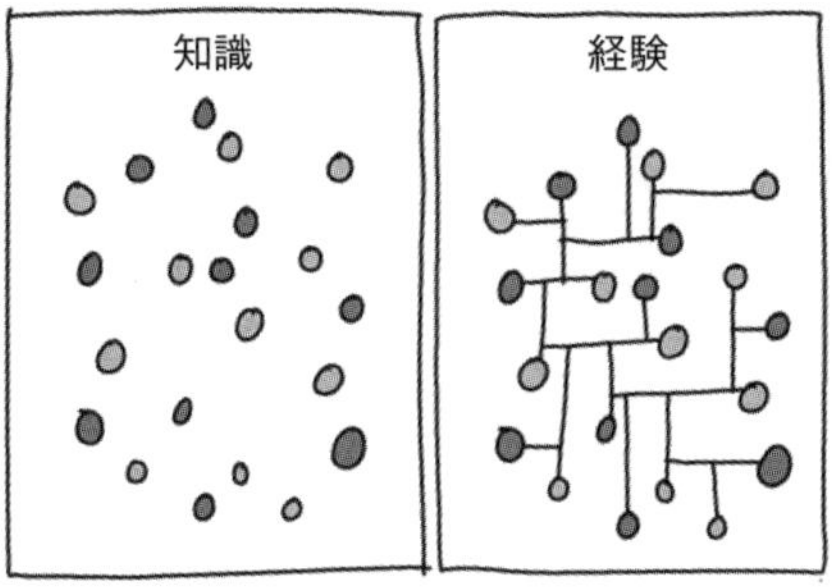

上の図は『オリジナルワンな生き方』(ディスカヴァー・トゥエ

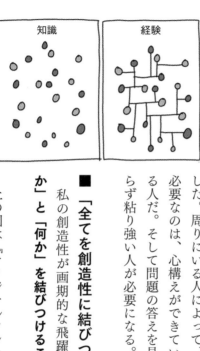

ンティワン）の著者ヒュー・マクラウドによるもので、知識と経験が繋がることによる影響を示している。

スティーブ・ジョブズは言う。

「創造性とは何かと何かを繋げることにすぎない。創造性の高い人に、どうやってこんなことができたのかと訊ねると、彼らは本当は自分の力だけでできたことではないので、少し罪悪感を持つ。彼らはただ目の前にあるものを見ていただけだ。だが、しばらくするとそれらが意味を持って浮かび上がってくる」

私は新しいものを創造したり、新しいやり方を取り入れたりする時は、ある特定のアイデアに注目し、そこに何か結びつくものはないか、ずっと探してきた。この結びつきこそが創造性である。

頭に浮かんだアイデアを、いろいろな経験や人、名言、ストーリー、チャンス、質問など、とにかく思いつく限りの何かと結びつける方法はないか考える。

私個人の創造性は、私の持っている知識と、私が成し遂げたいことを戦略的に結びつけることで刺激を受ける。創造性を高めたいなら、「何か」と「何か」が結びつけられないかを考えることから始めよう。

5　中途半端なアイデアでも気にしない

若い頃、私はなかなかアイデアを他の人たちと共有することができなかった。それはなぜかと言えば、体面にこだわっていたからだ。失敗は嫌だったし、私のアイデアが却下されるのは耐えがたかった。

それが変化したのは、私の尊敬してやまないある人物が、私に意見を求めてきたからだった。彼はこう言った。

「こんなアイデアを思いついたんだけど、ちょっと僕に活を入れてもらえないかな？」

私が？　活を入れる？

彼は新しいアイデアを披露し、私と一時間ほど話し合った。話し合いの最後のほうで私は、「どうしてこんなに早い段階で私に相談したのか」と訊ねた。彼の答えは、私には衝撃的だった。

「できるだけ早い段階で別の視点を入れたほうが、私も答えに近づきやすくなるからだよ」

この言葉を耳にしてから、私は「中途半端なアイデア」を周囲に披露するだけでなく、そのアイデアについての意見を聞くようにしている。

そうすることで「成功」の可能性が高まり、創造性を発揮するための〝シャープな想像力〟が鍛えられた。そして何より、アイデアの「当たり外れ」に一喜一憂することがなくなった。

6「過去の成果」を手放し、執着しない

成功し続けるためには、「過去にうまくいった経験・やり方」を手放し、常に「新しいやり方」に心を開いていなければならない。しかし、「苦労して手に入れた結果」ほど、手放すのは難しい。

作家のロジャー・フォン・イークは、「アイデアを出すのは簡単だ。難しいのはお気に入りのアイデアや、二年前から温めてきたが、もう時代遅れになったアイデアを諦めることだ」と言っている。ノーベル賞作家のウィリアム・フォークナーは、苦労して考えたアイデアや成果を手放す過程を「恋人殺し」と呼んでいる。

どうすればすばやく、苦労もなく、「必要でなくなったけれど、愛着のあるもの」を手放せるか。「今あるもの」を手放せば「より良いものが手に入る」と考えるのもいいし、

「損切り」の考え方を学ぶのもいい。「手放す」準備ができるほどに、あなたの創造性は高まっていくだろう。

7 「創造性豊かな人」とチームを組む

前述したように、私はよく人を集めて助けてもらう。創造性を発揮したい時も、それは同じだ。

創造性の豊かな人たちには、次のような特徴が備わっている。

・器用さ――問題を解決できる多くのアイデアを生み出す力
・柔軟性――様々な分野から種々雑多なアイデアを生み出す力
・入念さ――アイデアを十分に吟味する力
・独自性――新鮮で、ユニークなアイデアをひねり出す力
・多面性――複雑、多面的、難解なアイデアを掘り下げ、概念化する力
・大胆さ――果敢に新しいことに挑戦し、リスクを取ることを厭《いと》わない姿勢
・想像力――創意工夫をこらす力

・安定感――自分の考えに固執せず、他人を受け入れ評価する姿勢
・価値観――価値観や優先事項に沿って考える力

あなたの創造性を高めてくれるのは、これらの特徴を備えた人だ。分析家や批評家、論説委員、教育者、実務家は避けたほうがいい。そうしないと、創造性の翼は、飛び立つ間もなく、へし折られてしまうだろう。

8 「孤独」と「創造性」はコインの裏表

私は人を集めてブレーンストーミングをするのも好きだが、自分一人でじっくり考えるのも好きだ。創造的に問題を解決していくためには、「外部からの刺激」だけでなく、「内側から湧き出るインスピレーション」も欠かせない。孤独と創造性はコインの裏表だ。一人でいると、創造性が頭をもたげてくる。私の場合、一人でいる時間の長さに比例するように創造性が発揮されるため、毎日のスケジュールに「一人になる時間」を確保しているし、週、月、年単位でも自分一人で考える時間を取る。

一人になって創造的な時間を持つことは、人生における最大のＲＯＩ（投資収益率）の

実現に繋がる。

私はリーダーシップに人生を捧げてきた。私の観察によれば、多くのリーダーには行動志向があり、アクティブに動き回ることに時間を取られ、一人でいる時間、創造的に考える時間がなくなってしまうことがよくある。

だが、そうなると、被害を受けるのはリーダーだけではすまない。リーダーが最高の状態で創造性を発揮できなくなれば、他のメンバーにも影響が出る。

もうおわかりだろう。クラスで最低レベルの創造性しか発揮できなかった男が、五十年かけて創造性を磨き、そのおかげで生計を立てられるようになり、世界をもっと良くしようと頑張るようになったのは、この八つのコツを実践してきたからなのだ。

8

結果を出す力

「安易な道」に流されるな

私は、II部において活力、精神力、思考力、対人力、創造性、結果を出す力、影響力という、あなたに伸ばしてもらいたい「七つの力」について書いているのだが、いずれの力にも「生まれつきの才能」というものの影響はある。

しかし、七つのうちの「結果を出す力」だけは、その人の持って生まれた才能と関係なく誰もが伸ばしていくことができる。**本人が成果を上げることを強く意識するだけで、生産性は劇的に、しかも瞬時に高まる**ことがあるのだ。

「自分の能力を発揮するまい」と頑張る人はいない。ただ、「何もしなければ能力は発揮されない」というだけの話だ。

私は、読者が「生産的な人生」を意欲的に送れるように手助けをしたいと思っている。自分の生産性は自分でコントロールできるし、ここに書かれていることは読者の人生を変えると、私は信じている。ただし、あなたに「その気があれば」の話だ。

「価値あるもの」は全て坂の上にある

最初に、伝えておきたい真実がある。それは、**「価値あるもの」は全て、坂を上りきったところにある**ということだ。

あなたが手に入れたいもの、実現したいことは「坂の上」にあるのだ。問題は、私たちの夢は坂の上にあるのに、人は得てして「楽なほうへと流れがち」なことだ。そのせいで私たちは自分の生産性、成果を上げる力にふたをしてしまうのである。

「坂を上る人生」と「坂を下る人生」の違いを見てみよう。

坂を上る人生	坂を下る人生
・高い自尊心	・低い自己評価

・勢いがある
・勝ち
・高い士気
・変化
・自己改善
・目的意識
・充実感

・勢いがない
・負け
・無気力
・無変化
・無改善
・無目的
・空虚感

この二つを比べてみれば、「坂を下る人生なんて真っ平ごめんだ」と思うだろう。とはいえ、「坂を上る人生」を送るための努力をする準備ができているだろうか。問題はそこだ。もう一度言おう。

「価値あるものは全て坂の上にある」

このことを肝に銘じてもらいたい。それが何を意味しているのか、感じてもらいたい。「価値ある」という言葉には魅力がある。しかし「坂」はどうだろう。大抵の人は、目の前に立ちはだかる上り坂を避けたいと思う。

下り坂は楽だ。なんの苦労も要らない。重力に引っ張られて進むだけだ。坂を下るライフスタイルの人の特徴は、無自覚、自己満足、矛盾、言い訳である。将来のための全体的なビジョンもなく、「今が良ければ、それでいい」という生き方だ。

上り坂は厳しい。坂を上りきるには、やる気、エネルギー、決断力、努力、そして諦めない力が必要だ。常に全体的なビジョンを見据えつつ、決然と、自分を失わず、前進し続けなければならない。

「正しい行ない」と「実行に困難を伴う行ない」は、ほぼ同義である。難しいことは嫌だと言って逃げ腰になり、易きに流れる人がなんと多いことか。そういう人は坂を上っていくことではなく、坂を下っていくことを選ぶ。

その「坂道」を上っていくか、すべり落ちるか

人権活動家のベンジャミン・E・メイズは次のように述べている。

「多くの場合、人生の悲劇は失敗にあるのではなく、自己満足にある。やりすぎよりも、やらなさすぎ、能力以上に頑張るよりも、能力以下で納得してしまうことこそが悲劇なのだ」

「今まで何をやってきたか」ではなく、「自分には何ができるか」と考えることが能力を伸ばしていくカギだ。私はあなたに「自分には何ができるか」と考えて挑戦してもらいたい。怖《お》じ気《け》づかずに坂を上る人になってもらいたいと思う。

「これまでの人生では、思ったほどの成果を上げられずにきた」と思っていないだろうか。そして、「もうこれ以上の進歩は見込めない」と感じていないだろうか。

もしそうなら、この質問に答えてほしい。

「もし自分のためではなく、家族や友人のためなら頑張れるだろうか？」

あなたが選び取った人生は、自分だけのものではない。他の人たちにも影響を及ぼすのだ。

もし自分の人生は坂を下ってばかりで、手に入れたい成功とはほど遠いと感じているなら、生産性や成果についての考え方を改めるべきだ。まず、どのようなものであれ、今の自分の生産性や成果はこの程度だと認めること。過去の生産性や成果のありようは、全て「自己責任」なのだ。次に、あなたの能力を高めてくれる、坂を上るための訓練を積み、それを習慣化すること。

私はあなたの生産性や成果を上げる力を高めたいと思っている。

そこで、私の友人、ポール・マルティネリの話をしよう。彼はジョン・マクスウェル・チームの代表を務めており、二〇一一年に一緒に仕事を始めて以来、素晴らしい成果を上げ続けている。彼ほど「結果を出す力」を身につけている人物に、私は出会ったことがない。

ポールは貧しい家庭に育ち、少年の頃から新聞配達や空き瓶集めなどのアルバイトをして家計を助けていた。十五歳で学校を退学すると、屋根葺《ふ》き職人に弟子入りして働き始め、同時に街を防犯パトロールするボランティアグループ「ガーディアン・エンジェルズ」にも参加する。

このグループで、ポールはすぐに頭角を現わした。彼は人集めと資金集めに非常に長けていたのだ。彼はこのグループのナンバー2となって全米を回り、各地で支部も立ち上げた。

しかし七年後、ポールはあっさりボランティアを辞めてしまう。活動が嫌になったわけではない。彼は自ら清掃会社を立ち上げたのだ。まだ二十二歳だった。仕事はなかなか軌道に乗らず、仲間たちは次々と辞めていき、最後に残ったのはポールただ一人だった。しかし、ポールは十六年間耐え、努力し続け、とうとう会社を社員百人が働く優良企業へと育て上げたのだ。

その後、清掃会社の経営と共に講演活動も行なうようになり、やがて自身の会社は売却してしまった。共通の友人を通じて知り合った私に「世界に通じるコーチングの会社をつくりましょう」と彼が持ちかけ、ジョン・マクスウェル・チームの立ち上げにパートナーとして尽力してくれたのは、その後のことである。

「生産性の高い人材」になるための九つの原則

ポールの成功譚《たん》は、**結果を出す力**を象徴している。若い頃のことを、ポールはこう言っている。

「常識からいっても、『人生は、配られたカードで勝負するしかない』と思っていました。その一方で、頭のどこかでは『手持ちのカードを投げ返したい』とも思っていました。ただ、どうすればいいのか、わからなかったのです。

自分にわかっていたのは、『人生は変えられる、これだけでは終わらない』ということだけでした。どう言葉にすればいいのか、また、やり方もわからなかったけれど、心のどこかでそれは可能だと信じていました」

ポールが見つけたそのやり方を、読者にも伝授したい。

ポールの原則は、ビジネスであれ、非営利組織であれ、家のリフォームであれ、スポーツチームであれ、あなたが成し遂げたいこと全てに当てはまる。生産性を高め、成果を上げたいなら、以下の方法を実践することだ。

1 「理想の結果」を視覚化する

スティーブン・R・コヴィーは『7つの習慣』（キングベアー出版）の中で、「常に終わりを思い描くことから始めるように」とアドバイスしている。「どこを目指して進んでいくか」を明確にするだけではなく、**「完璧な終わり」「理想の結果」**をできるだけ細かく見える化するのだ。

ポールは、これを達人庭師の仕事になぞらえている。頭の中には、完璧な木の姿がある。木を刈り込む時は、その完成形を思い浮かべながら仕事をする。その結果として、理想的な形に整えられた盆栽やトピアリー（立体的な幾何学的模様や見慣れたキャラクターの形に刈り込まれた樹木）が完成するのだ。

自分が何を成し遂げたいのか、あなたには明確なビジョンがあるだろうか。もしまだ構築できていないなら、すぐに取りかかるべきだ。それがあなたのスタートラインになる。できるだけ細かいところまで盛り込んでおくといい。そうやって構築したビジョンが本当に完璧なものかと言うと、必ずしもそうとは限らない。だが、**明確な考えを持ってスタートすることが重要**なのだ。

2 とにかく着手する

生産性を高め、結果を出すための次のステップは、**「実現する方法がわからなくても、とにかくスタートする」**だ。これは、1で述べた「理想の結果を視覚化する」こととは正反対のように見える。ポールは「ゴールは見えているのに、実現方法がわからない」ことを経験するのも、「実現するための方法を知るために必要なプロセス」だと言う。

「私の生産性が高まるのは、やるべきことがわかっていて、それを一生懸命やろうとする時であって、どうすればいいかわからず、にっちもさっちも行かなくなっている時ではありません」

とポールは言う。言葉を換えれば、**「とにかく始めろ」**ということだ。何でも構わない。何かをやればいいのだ。

ポールの説明はこうだ。

「生産性の低い人は大勢いますが、そういう人は『できないことのリスト』をつくってばかりいる。『これを知らないからできない』『材料がないからできない』『時間がないからできない』『資金がないからできない』『コネがないからできない』と言い訳をします。言い訳をしたくなる時、私は、反対に『自分にわかっていること』や『できること』に注目し、そこを出発点にすればいいと学びました」

何かを成し遂げたいと思ったら、「何のために頑張っているのか」というビジョンを持たねばならないが、それに加えて、不確実な状況であっても行動を起こす積極性が必要だ。自身の考える力を最大限に発揮して、「自分は何を目指しているか」を明確にすると同時に、「行動を起こすことの重要性」を認識する必要がある。小さな一歩でも構わないから、一歩を踏み出す気概がなければならない。

「最初の一歩」は、確信に満ちた大きな一歩にしたいと誰もが思う。有利なスタートを切って、大躍進を目指したいと。しかし、いきなり大躍進を実現するのは非常に難しいとポールは言っている。

はじめは小さな一歩でも構わない。小さな十歩、小さな百歩を積み重ねていけば、後の大躍進に繋がっていく。傍《はた》から見れば一夜にして大成功を遂げたように見える人も、本当は小さな成功を積み重ねてきたことを私たちは知っている。「最初の一歩」を踏み出す積極性がなければ、小さな成功も収めることはできない。

ポールが子供時代の面白い体験を教えてくれた。

小遣い稼ぎに雪かきをすることにしたポールは、ガレージからシャベルを持ち出し、近所の家を一軒一軒ノックして回った。雪の降る地方で育った人なら、雪かき用のシャベルがどういうものか知っているだろう。雪を大量にすくえるように縁をカーブさせた、幅広の大きなシャベルだ。しかしポールが使ったシャベルは、土を掘るための普通のシャベルだった。

「今では笑い話ですが、その頃は雪かき用シャベルを持っていなかったんです。ガレージにあったのは、古い土掘り用のシャベルだけでした。シャベルにもいろいろな種類があるなんて、その頃は知りもしませんでした。ただシャベルがあるというだけで、私は仕事に取りかかったわけです」

生産性を高めるために必要なのは、こういう心意気だ。目指す目的地に到達する道筋はほとんどわからなくても、「とにかく歩み出す姿勢」がなければならない。

3　失敗を恐れるな

結果を出すためには、**進んで失敗**しなければならない。それも何度も。このステップも、「完璧な終わり」「理想の結果」を目指して努力するという考え方とは矛盾しているように見えるかもしれない。

ポールのすごいところは、新しいことを試し、絶えず前進していくことだ。うまくいかないことをいつまでも気に病むことはない。

ポールの考え方のキモは、自分の努力を「正しいか、間違っているか」で考えるのではなく、「成功か、失敗か」で考えるところだ。自分の行動が、「完璧な状態」に近づくのに役立ったかどうか、いつも自問自答する。答えがイエスなら、勝利を意味する。もしノーなら失敗だが、そこから得たフィードバックを十分に検討し、修正を加え、ただちに再度試してみる。

あなたには「失敗しても構わない」という気構えがあるだろうか。何度失敗を繰り返しても、へこたれずにいられるだろうか。「うまくいかなかったこと」から学ぶ用意があるだろうか。生産性を上げるための障害になっているふたを吹き飛ばすために必要なのは、そういう姿勢だ。

4 「集中力」を絶やすな

生産性を高め、成果を上げるには、**「集中力」を絶やさない**ことが最も大切だ。ポールは次のように話している。

「思い返すと、僕は他の人よりも集中力が長続きしました。雪かきの時も、よその子は三十分もすると飽きてしまって、三、四ドルもらうぐらいが関の山でした。でも僕は、たとえ邪魔が入っても、集中力を保つ能力がありました。それがいろいろな成果に繋がっていきました」

集中力は、誰にとっても有効だ。ここで確認しておきたい。読者は、どれぐらいの時間、仕事に没頭できるか。そして、どれぐらい真剣に仕事に取り組めるか。どれぐらい集中力が持続するか。

ポールは、一つのことを試すのに、様々なやり方をしてきたが、読者もこの姿勢に学んでほしい。才能、知性、金と時間、そしてチャンスの有無は関係ない。このチャレンジは誰にでもできるはずだ。

5　自分のスキルとリソースを見つめ直す

清掃会社を起業して二年、ポールは壁に突き当たった。

「一生懸命、かつ誠実に仕事をしていれば大丈夫だと、ずっと言われていました。僕は一生懸命に働き、誠実な仕事をしてきましたが、全く大丈夫ではなかったのです。新しい取引先と契約すると、古い取引先を二つ失いました。従業員に十分な訓練を積ませたと思うと、たった数十セント、時給が高いというだけで転職してしまう。一歩進んで二歩下がるを地で行くような有り様で、どうすればそれを変えられるか、見当もつきませんでした。すっかり行き詰まってしまったのです」

その頃、ポールはそのような問題に対処する術《すべ》を知らなかった。そこで彼は自分自身について、そして自分のスキルについて考え始めた。そして**「自分は成長しなければならない」**と気づいたのである。

ポールは、『自分を変える心の魔術』（マクスウェル・マルツ著、三笠書房）を読み、自分で自分の能力にふたをしていたことに気づかされた。無意識のうちに、自分に期待しないようになっていたのだ。ポールは言う。

「高校を中退したような人間には、これが限界なんだと思っていました。でも、マルツの本を読んで思ったんです。そうか、僕が生み出したものをどう広げていくかは、僕自身の能力次第なんだ、と。

自分の能力の限界を決めていたのが自分だったなんて、それまで思いもしませんでした。ほどほどの成功と、それなりの幸せがあればいいと思っていましたし、誰かがそういう状況を変えてくれないかと思っていましたが、もちろんそんなことは起こるわけがありません」

マルツの本では、「温度計」と「サーモスタット」の違いについて説明している。ポールは、それまで自分の状態を報告するだけの「温度計」だった。しかし、温度を調節できる「サーモスタット」に変わったことで、状態を変えられるようになった。

より多くのものを生み出すためには、自分の生産性は自分で管理することだ。つまり、あなたは「サーモスタット」にならねばならないのだ。

6 「苦手なこと」に手を出さない

実は、ポールが清掃会社を売却した当初の目的は、講演者になることだった。だが、自分を見つめ直してみて、講演者にはならないと決断をした。

確かに、彼は話をするのがうまかった。しかし専業にするほどではないし、大きな会場に人々が会いたいと押しかけてくるようなタイプでもないと自覚していた。だから、あえてそこを目指すことはしなかった。

彼は、ナンバー2の位置にいる時、自分が最も才能を発揮できるとわかっていた。確かに会社経営で大きな成功を手にしていたが、本領を発揮できるのはナンバー2のポジションにいる時なのだ。彼が最初にその片鱗《へんりん》をのぞかせたのは、前述した防犯パトロールのボランティアグループ「ガーディアン・エンジェルズ」の仕事をしていた時だった。そしてジョン・マクスウェル・チームに来て、それを確信した。

自分が得意ではないことは手放し、「得意なこと」に集中するだけで、あなたの生産性は劇的に高まるに違いない。大きな成果が期待できないものに時間を取られている場合ではない。そうしたことは、全てスケジュールから排除しよう。

7 「いいチーム」をつくる

ポールは**「チームをつくる」ことが、生産性を高める基本**だと考えている。

彼はチームの重要性をよく理解しているので、メンバーとの繋がりに対して常に高い意識を持っている。毎日メンバーの誰かに電話をしたり、オフィスに顔を出して雑談をしたりする。彼はチームのソーシャルメディアに気を配り、メンバーの調子を確認する。「仲間の様子を知っておく必要がありますから」とポールは言う。

私もこれと同じことをしている。スタッフの中でも主要なメンバーと夕食を共にしたり、イベントに同行してもらって時間を共有したりする。私の成功の大きさは、私のすぐ近くにいる人たちによって決まるからだ。だからこそ彼らとの関係を維持するだけでなく、さらに発展させ、チームメンバーの価値を高めるためなら、私は何でもするつもりだ。

あなたの生産性を高めるには、チームをつくり、メンバーとの絆を築き、絶えず彼らの価値を高めていかねばならない。

8 「意思決定」の方向性を間違わない

ポールを見ていて非常に興味深いのは、「正しいか、間違っているか」ではなく、「うまくいくか、いかないか」という視点で判断している点だ。ビジョンの実現に向けて彼と彼のチームが「前進するか、後退するか」、それだけが意思決定の基準になる。

「やり方がまずいことはよくありますが、判断は間違ってはいません。なぜかと言えば、正しい方向へと向かう勢いがあるからです。僕は『完璧に少しでも近づくことができるか』を考えます。僕が大事にしているのは軌道です。標的に当たるかどうかは気にしない。僕は未来主義者なので、現在のことはどうでもいいのです。現在はこれから変わっていくものですから。確実に正しい軌道に乗るように気を配っています。ジョン・マクスウェル・チームのメンバーに訊いてみてください。きっと僕がいつも口にしているように、『まず飛び立って、それから翼をつくれ』と言うでしょう」

ポールの意思決定の仕方を見ると、読者も気が楽になるだろう。生産性や成果に関する意思決定において大切なのは「うまくいくか、いかないか」だけである。意思決定をすばやく行ない、前進できるかできないかはともかく、とにかく新しいことを試す習慣を身につければ、きっとあなたの生産性は向上するだろう。

9 「来たるべき未来」に向けて生きる

生産性の高い人は常に自己の向上を図り、もっと効率的な仕事の仕方はないかと探し求めている。ポールもあらゆることに改善の手を緩めなかった。

彼を突き動かすのは、尽きせぬ向上心だ。彼自身の言葉で語ってもらおう。

「人生には三つの選択肢があります。『歴史家』になるか、『レポーター』になるか、『未来主義者』になるかの三つです。

歴史家は、過去のことを我々に思い出させ、未来のことも全て歴史のフィルターを通して見ようとします。レポーターは、今日の状態や環境にしか興味がなく、それ以上でもそれ以下でもありません。未来主義者は、まだ実行されていないことに注目します。『我々にはもっとやることがある。我々にはできる。もっと可能性を広げられる。潜在能力を活かす道はある』と語りかけるのです」

ポールはこうした未来主義者の考え方を、**「来たるべき未来に生きる」**と言う。私はこれを、**「より良い明日のために、今日行動を起こす」**と言う。

自分にコントロールできるのは「今」だけだ。しかし、明日をより良いものにするために、「今日何をすべきか」を選ぶことはできる。

ハーバード大学のエドワード・バンフィールド教授の調査によれば、アメリカにおいて社会的、経済的な地位の向上と最も関係が深いのは、家柄でも、教育でも、人種でも、頭の良さでも、コネでもなく、**「長期的視点の有無」**であるという。

生産性を高め、成功を手にしたいなら、未来を見据えながら、今すぐ行動を起こすことだ。

ポールと知り合って以来、彼の生産性の高さはもちろん、常に生産性を高め続けていることに驚かずにはいられない。ポールは言う。

「どんなにすごい潜在能力を持っていても、それを発揮する能力がなければ意味がありません」

あなたの生産性を高めることほど、あなたの可能性と成功を促進するものはない。ポールの話にピンと来るものがあったら、今すぐ実践してほしい。それが習慣として身につくまで、毎日反復し、何が起きるか、期待しよう。

9

影響力

「人を動かす人」になるために

リーダーシップには浮き沈みがあることを知ったのは、四十年も前のことだ。以来、ずっとより良いリーダーになるべく努力してきた。

その間にわかったことは、**リーダーシップとは「影響力」**だということだ。リーダーシップを向上させるには、影響力を強化しなければならない。

一九七〇年代に、「もし一日一時間、週に五日、あるテーマについての勉強を五年間続けたら、その道の専門家になれる」という自己啓発作家のアール・ナイチンゲールの言葉を聞いた時、私は「そうか！　たった五年で私はリーダーシップの専門家になれるぞ」と思ったものだ。

私はリーダーシップの研究に没頭した。五年後、わかったことが二つあった。一つ目は、私はリーダーとして成長したこと、二つ目は、五年やそこらでリーダーシップに熟達することはできないということだ。学べば学ぶほど、知らないことばかりで、その感覚は今日まで続いている。しかし、だからこそ「さらに学びたい」という気になる。

私は二〇一四年、全米マネジメント協会から業界ナンバーワンのリーダーに認定され、その年の『ビジネス・インサイダー』誌では、世界で最も影響力を持つリーダーシップの専門家とされたが、自分が専門家だとは、どうしても思えない。ただただリーダーシップの経験、新しい学びを積み重ねているだけだ。

リーダーシップというコインの裏表

私はリーダーシップの領域では成長を続けている。ジョン・マクスウェル・カンパニーは、毎年「エクスチェンジ」という管理職向けのリーダーシップ・イベントを開催している。二〇一五年には元オラクル社重役で、現在は、シリコンバレーに創設したワイズマングループの代表を務めるリズ・ワイズマンに講演を依頼した。

講演の中でリズは、**「他者の知性や思考力を引き出すことのできる天才を育てるリーダー」**こそが、人々の才能を開花させると述べた。私は興奮を覚えた。なぜなら、彼女が説明する「優れたリーダー」の特徴が、全て私にあてはまるように思えたからだ。

■才能のマグネット　才能ある人を引き寄せ、彼らが能力を最大限に発揮できるようにする（私がやっていることだ）。

■解放者　誰もが最高のアイデアを出し、仕事ができるような活気のある環境をつくる（そうそう、それもやっている）。

■挑戦者　誰もが能力を最大限に発揮できるチャンスを見極める（私は基本的にそうしている）。

■議論の推進者　活発な議論を通して健全な判断を導き出す（私の好きなやり方だ）。

■投資家　成果を出した人の能力を認め、その人の出した結果に対して投資する（うわっ、これもやっている。完璧だ！）。

いやはや、我ながら大したものだ！　「部下の才能を開花させるリーダーの見本」として、リズの本の表紙に私の写真を入れたらいいのではないかと思ったほどだ。

しかし、リズに「私の写真を使わないか」と提案する間もなく、彼女は**「才能を開花させるリーダーが、無意識のうちに他者のやる気をなくさせることがある」**と言い始めた。

■**アイデア人間**　自分のアイデアで他者のアイデアを刺激しようとする傾向があるが、その結果が他者を圧倒し、黙らせてしまう（なんてことだ！　私がやっていることじゃないか）。

■**意識高い系**　自分の考えを広く共有できるが、その結果、感情的余裕がなくなり、皆から避けられる（おっと、これもだ）。

■**お助けマン**　他者の成功を確実なものにし、評判を守ろうとして過度に口出しする傾向がある。しかし、そのために他者の自主性、自発性を妨げ、結果的にその人物の評判を下げてしまう（この三つ目も私のやっていることだ）。

■**ペースメーカー**　質とスピードの基準を高く設定する傾向がある。そのせいでメンバーは傍観者になるか、ついて行けなくなる（これは、自分で思っている以上にやっているような気がする）。

■**せっかち**　組織を早く動かそうとする傾向がある。しかしその結果、あまりに多くの決断と変化が必要となり、組織の動きが鈍くなる（その通り、これもだ）。

■楽観主義　「このチームならできる」とメンバーに思わせようとする傾向がある。しかしメンバーは、「この人は事の難しさをわかっているのか」とか、「失敗の可能性を認識しているのか」といぶかる（これもまたしかり）。

まいった。リズの説明を聞きながら、私は穴があったら入りたいと思った。わずか九十分の間に、私は世界のてっぺんからどん底までを経験した。自分の長所と思っていたことが、こんなにマイナス要素になり得るとは思ってもいなかった。

私は現実に向き合うべく、すぐに側近のメンバー数人を集め、リズの話にあった、「メンバーのやる気をなくさせる傾向」の全てが私にもあることを打ち明け、改善したいから手助けしてほしいと頼んだ。六つの特徴全てを一度に改善するのは無理なので、どこから変えていけばいいか、彼らに訊ねた。

全員一致の答えは、「私の楽観的な傾向をなんとかしてほしい」というものだった。それ以来、私は改革に取り組んできた。

取り組んでみて何が一番良かったかと言えば、改革することで、自分がより良いリーダーになれるとわかったことだ。私の知見と経験に新たなレベルの知識が追加され、私のリーダーシップ能力はさらに向上していくだろう。

「人を動かす人」になる四つの知見

本章を読んで、あなたのリーダーシップの力が高まることを私は願ってやまない。私はこれから、私が今学んでいる新しいことをあなたに教えようとしている。その中には、古い考え方を踏まえた「新しい考え方」や、新しい考え方をいっそう良いものにする「古い考え方」が含まれている。これら全てが、読者の能力の向上に役立つと期待している。

1　質問し、傾聴し、理解する

最近、あるインタビューで、

「今と、三十代、四十代の頃を比べた時、一番顕著な指導方法の違いは何ですか」

と質問された。私は即座にこう答えた。

「今、私は相手を導きながら、常に相手に問いかけています」

私は長い間、「自分が話をし、相手に方向性を示すこと」がコミュニケーションだという幻想を抱いていた。若い頃の私は、リーダーとしての答えを提示するのが大好きだった。

私の知識に感心してもらいたかったし、物事を先へ進めることにしか興味がなかったのだ。そして、以前の私は、未来に焦点を絞っていた。

しかし、今は違う。皆に私のことを知ってもらいたいし、私も皆のことを知りたいと思っている。

新米リーダーの頃は、私のコミュニケーションは一方通行だった。Q＆Aは好きではなかった。自分の知っていることや、私が大切だと思うことを人に教えたいだけだった。私はずっと、訊かれてもいない質問に答えてばかりいたのだ。今、私はQ＆Aを推奨している。なぜなら、それが周囲と結びつき、彼らのニーズに応えるための一番手っ取り早い方法だからだ。

ゆっくりとだが、私は「リーダーシップとは対面通行の道だ」ということを学んでいった。そして時間はかかったが、ついに「コミュニケーションの法則」というべきものを見つけたのだ。

リーダーは、人々の心に触れることができる。だからこそメンバーは助けを求めて来るのだ。私はずっと心の部分をすっ飛ばして、いきなり手を貸そうとしていた。

しかし、なるべく質問をして、あまり指図しないようにしてからは、全てが変わった。私は人に注意を払うようになった。**相手に問いかけることは、その人の人生の扉を開く力**

ギになる。質問を利用すれば、人々のことを知ることができるのだ。

質問は、「適切な人材」を見つける上でも有益だ。リーダーとしてあなたを助けてくれる人を見つけるには、質問をして、相手の答えにじっと耳を傾けるといい。私は、初対面の人に会う時には、その人のことを知り、繋がりを持つためにはどういう質問をすればよいか、真っ先に考えるようにしている。

■「聞く」とは「相手のことを理解したい」という心の表われ

質問することは閉ざされた扉を開き、相手と繋がる「きっかけ」になる。また、質問することで相手の価値を認め、異なった視点で相手を見られるようにもなる。リーダーとして物事を改善しようとする時には、まず「状況を正しく見る」必要がある。その際、**相手に意見を求めることは、その人に対する最大の賛辞**なのだ。

しかし、「聞く耳」を持たなければ、何をやってもうまくいくわけがない。質問で扉を開いても、相手の言葉によく耳を傾けていなければ扉は閉じてしまう。「聞く」とは、「自分のことを理解してもらう」より先に、「相手のことを理解したい」という心の表われでもある。

「質問＋傾聴＝質の高い会話」

であり、
「質の高い会話＝質の高いリーダーシップ」
なのだ。

私は自分が話すほうに気持ちが行きがちなので、傾聴の仕方を学ばねばならなかった。今は、まず相手が私に知らせておきたいことを最初に話してもらうようにしている。私は集中して相手の話を聞き、相手から目を離さない。口を挟んだりせず、好きなだけ時間をかけて話してもらう。そうすると、相手は自分が理解されていると感じるからだ。相手が話し終わったら、

「それで言いたいことは全部ですか。もし何かあれば、どうぞ話してください。時間は気にしないでいいですから」

とさえ言う。私が口を開くのは、相手が話し終わってからだ。

リーダーとしての私の役目は、全て「人の話を聞くこと」から始まっている。相手を知り、理解するために、私は問いかけ、耳を傾ける。それをやって初めて効果的に人々を導くことができるのだ。

2　変化を起こすためにメンバーから信頼を勝ち取り、期待を寄せる

リーダーシップの本質とは、「変化を起こすこと」である。リーダーともなれば、チームのため、そしてチームのビジョンの実現のために、メンバーの関心の向きを変え、エネルギーを変え、スキルを変え、時には人生の方向性をも変えるように導いていく。

こうした多様な変化を受け入れてもらい、納得してもらえるほどの**「信頼」を勝ち取る**にはどうすればいいのか。

信頼の基盤は、良好な人間関係の上に築かれ、良好な人間関係は「良好な繋がり」から始まる。そして、互いの間に共通点があればあるほど、繋がりを築きやすい。

もし、あなたがこれまで人間関係の重要性に気づかずに仕事をしてきたのであれば、人と繋がるにはそれなりの努力が必要かもしれない。反対にあなたが社交的な人なら、人間関係は自然と出来上がっていくだろう。

だが、「人間関係を構築する」段階から「何らかの行動を起こしてもらう」段階へと移行するには、私が**「リーダーシフト」**と呼ぶプロセスが必要になる。この「リーダーシフト」とは、チームのメンバーと繋がることから始まって、**「チーム全体の利益のために必**

要な変化を起こすべくメンバーを手助けする」方向にリーダーが変化していくことを指す。

若い頃の私には、これができなかった。私が得意だったのは人間関係を築いていく部分だけで、「友情こそリーダーシップ」だと思っていた。ありがたいことに、皆は私を好いてくれた。残念だったのは、彼らがいつも私についてきてくれるとは限らなかったことだ。私は皆を「今いる場所」から、「向かうべき場所」へと前進させられなかった。

先日、ジョン・マクスウェル・カンパニー主催の集まりで、ケンタッキー大学の女子バスケットボール部監督のマシュー・ミッチェルから、「監督として、どういう時に選手にハッパをかければいいのか、どういう時に辛抱強く見守ればいいのか、わからない」という疑問を投げかけられた。これはリーダーなら誰でも悩むところだ。

私はこう答えた。態度や責任感、倫理面については積極的に指導すればいいが、選手の経歴や経験、技術については辛抱強く対応しなければならない、と。

様々な経歴の人がチームにいる場合、リーダーには辛抱強さが求められる。チーム全員が同じ恩恵やチャンスを与えられているわけではないからだ。経験不足の選手についても辛抱強く指導する必要がある。

たとえば、大学バスケットボールでは、新入生に四年生と同レベルの優れた判断力を期待することはできない。また技術的に劣る選手には、技術を持った選手よりも辛抱強く接する必要がある。技術レベルが高い人にはハッパをかけることが、低い人には辛抱強く対応することが求められるのだ。

チームメンバーがうまく変化に対応できるようにするためのコツは、彼らに**率直な期待を寄せる**ことだ。そうすることで、後々の人間関係が良い方向に変化する可能性が高くなる。著書『スピード・オブ・トラスト』（キングベアー出版）の中でスティーブン・M・R・コヴィーは、こう述べている。

「前もって成功のビジョンを共有し、それに集中することが大切だ。前もって期待値が明確に示されていないと、信頼感もスピードも低下する。リーダーが期待値を明確に示さないために、多くの時間が浪費される。期待値が明確にならないと、メンバーは憶測するしかない。すると、結果が出ても、期待外れだったり、評価に値しないものだったりする」

私はこれを**「期待の原則」**と呼んでいる。つまり、前もって期待されていれば、最終的にその期待に応えられる確率が高まるのだ。

そこで、「リーダーがチームのメンバーに期待していること」を示すための六つのステップについて、これから詳しく説明したい。あなたがメンバーと繋がり、彼らの変化を促していくための参考になるだろう。

①メンバーの価値を認めていることを示す

リーダーからチームメンバーへの最高の贈り物は、彼らに対する信頼、そして「君たちには価値がある」と伝える言葉である。メンバーがリーダーを評価し、尊重するのも素晴らしいことだが、リーダーがメンバーを評価し、尊重することのほうがもっと素晴らしい。

なぜか？　リーダーとしての私の見解を書く。

相手の価値を評価するとは、その人物にどれだけ投資する（自分のエネルギーを割く）価値があるかを考える、ということだ。

誰かのことを高く評価するとは、その人物により多く目をかけるようになる、ということを意味する。

反対に、リーダーがあるメンバーのことを「それほど評価しない」ということになれば、そのメンバーの「強みを伸ばす」ためにエネルギーを割くのではなく、「リーダーにとって都合のいいように」そのメンバーのことを扱うことになるだろう。

つまり、リーダーがメンバーに対して「期待を示す」とは、相手のことを単なる「プレーヤー」としてではなく、「一人の人間」として認めているとはっきりと伝えることだ。

それはつまり、その人のことを気にかけ、対等につき合うということを意味している。「あなたのことを非常に高く評価しているので、いつまでも同じレベルで足踏みしていてほしくない。あなたの価値を認めているからこそ期待するのだ」ということが相手に伝われば、次の段階へ進む環境は整ったことになる。

②メンバーが自信を持てるよう勇気づける

繰り返しになるが、相手の価値を評価するとは、相手にどれだけ投資する価値があるかを決める、ということだ。しかし、その人の自己評価が低ければ、その人は自身の価値を高めることに自分のエネルギーを注がないだろう。

繰り返すが、「価値を評価する」とは「どれだけ投資する（エネルギーを割く）かを決める」ということだ。そして「自分にどれだけの価値を見積もるか」とは、「自分は、自分自身、そして他人にどれだけ献身するか」、その程度を決める、ということだ。自尊心は、信頼の土台・基礎となる。自分を信頼するほどに、人生への意欲も高まるだろう。

リーダーは、チームのメンバーが自信を持てるよう導かねばならない。彼らを勇気づけ、肯定的な、プラス志向の言葉で語りかけることだ。メンバーを教育し、「勝ちグセ」がつくよう手を貸すこと。必ずしもうまくいくとは限らないかもしれない。しかしメンバーの自尊心を高めてやることなしに、業績が向上することは決してないだろう。

③期待して責任ある仕事を任せる

チームのメンバーが「いつの間にか成長している」ということは、ほとんどない。メンバーの成長を望むなら、リーダーの適切な手助けが不可欠だ。

リーダーとしてメンバーに期待しているなら、まず二つの質問について考えておく必要がある。それは、「彼らに何を知っておいてほしいか」、そして、「彼らに何をしてほしいか」だ。

リーダーであるあなたは、皆に成長してほしいと考えているはずだ。そして「成長を期待している」ことを相手に伝える最も効果的な方法は、彼らに責任ある仕事を任せることだ。リーダーが犯しがちな最大の間違いは、期待していることを伝えるだけで、責任ある仕事を任せようとしないことである。

④変化は不可欠であることを示す

変化なくして改善、向上することは不可能だ。誰もが変化は避けられないし、現状維持のまま高いレベルに上がることはできない。成長するには、変化を受け入れねばならない。

優れたリーダーは、皆にそのことを納得させ、受け入れさせる。成長にお手軽な方法などなく、「一番遠回りに見える道が、実は近道であることが多い」とメンバーに理解させる必要がある。また、向上し、成長するために進んで変化しようとする人たちを決して見捨てないこと。リーダーはメンバーの代わりに成長することはできないが、メンバーに何を変えるべきかを教え、支えとなり、勇気を与えることならできる。

⑤励ましの言葉をかけ、背中を後押しする

「リーダーはいつでも自分の背中を優しく後押しし、応援してくれている」と安心させるのがリーダーの役目だ。なぜなら、リーダーが背中を押す手を離した瞬間、大抵の人は前進を止めてしまうからだ。

リーダーたるもの、「期待だけして、あとはほったらかし」ということがあってはならない。励ましもない状態で前進できる人、自分だけの力で軌道修正できる人は、ほとんどいないのだから。

子供を育てたことがある人なら、励ましや背中を押し続けてあげることの重要性がわかるだろう。一体、何度、子供に同じことを言い聞かせてきただろうか！　十回、百回、それとも千回？　人を育てるとは、そういうことなのだ。

リーダーとメンバーとの「繋がり」が緊密に保たれていれば、「リーダーの期待に沿うために何をすべきか」について、メンバーは常に意識するようになる。

また、リーダーはメンバーに適切に対応できるようになるし、抵抗などがあれば、すぐに対処できる。

⑥「成長意欲」について自己申告させる

あなたが皆に「期待」をしたからといって、当のメンバーにそれに応える気がなければ、うまくいくはずがない。

「あなたの成長の手助けをしたいのですが、協力してくれますか？」と訊ねることで、その人がどの程度、本気で取り組み、成長しようと思っているかを推し量ることができる。

そして自分が成長し、変化するために何をするつもりかを「自己申告」させれば、当人はしっかりと取り組むようになるはずだ。

自己申告をさせれば、もし目標を達成できなかった場合、その責任を本人に問うことができる。また、人にアドバイスを求めながら、こちらのアドバイスに従わない人を相手に時間を浪費せずにすむ。「変わりたい」と思っている人に時間を使うことができるのだ。

3　誠実であり、自らの透明性を高める

あなたのリーダーシップの力を高めるために最も有益なのは、**誠実であること、自らの透明性を保つこと**、そしてあなた自身の**ストーリー（経験談）を人々と共有すること**だ。何か困難なことに挑戦させる場合は、特にそれが必要になる。

繰り返しになるが、リーダーは「自分がメンバーに何を知っておいてほしいか」、そして「彼らに何をしてほしいか」を自問することが重要だ。もう一つ、付け加えたい質問は、「彼らに何を感じてほしいか」である。

リーダーは目標や予定、計画、そして次の任務に集中していることが多い。どれも重要なものである。だが、リーダーが自ら経験、体験して感じてきたことを皆と共有することは、メンバーが自分の人生を変え、何かの行動を引き起こすきっかけになる。

ただし、そのストーリーは嘘がなく、弱みも隠さずにさらけ出すようなものでなくてはならない。

リーダーとしての信頼を得るためには、「完璧でなければいけない」「常にできるだけ良い印象を与えなければいけない」と思い込んでいる人は多い。

しかし、人は他者の不完全な部分、失敗から学ぶことも多い。**リーダーが率直に語る葛藤と成長のストーリー、壁を乗り越えてきた逸話こそ、皆に閃きを与え、人生を変えていく**のだ。

サウスウエスト航空の創業者ロリン・キングは、「いかなる問題も従業員の目から隠さないというのが、私たちの経営哲学だ」と言う。尊敬されるリーダーは、真実を語りながら、ビジョンを堅持し、チームを前進させることができる。

私は以前、パラグアイであるプロジェクトを立ち上げた際に、「透明性」の重要性を実感した。それは非常に困難かつ長い時間を要するプロジェクトで、成功の見通しもなかなか立たなかった。

だが、私が事前にそうした厳しい状況を包み隠さず話し、「メリット」だけでなく「デメリット」も共有したところ、二百五十人ものメンバーが自主的に参加し、パラグアイまで来てくれたのだ。

リーダーはビジョンを思い描くだけでは不十分だ。ただ思い描いているだけではなく、ビジョンの持つ重みを担うだけの気構えがある人こそが、リーダーとして成熟していくだろう。そしてビジョンに対する気持ちをメンバーに包み隠さずに示していけば、メンバーもそれを受け入れるようになる。

4 「私」から「私たち」へと意識をシフトさせる

リーダーシップの力を向上させるための方法として、最後に紹介したいのは、私が一九七六年から実践していることである。そして、あなたもこれを実践することで、より良いリーダーになれると私は信じている。それは、リーダーシップの中心を「私」から「私たち」にシフトさせることである。

リーダーになったばかりの頃、私が考えることといったら、「この人は私のビジョンを聞きたがっているだろうか」とか、「この人は私のチームを手伝ってくれるだろうか」とか、「この人は私を手伝ってくれるだろうか」とか、そんなことばかりだった。

それが変わったのは、私の関心が「皆に知識や能力を身につけさせること」に移った時だ。それから二十年、私は人々に奉仕し、意識的に彼らの価値を高めてきた。

読者にも私と同じように、「私」から「私たち」へと意識をシフトさせることをお勧めする。

次の三つのことを考慮すれば、きっとそうしたいと思うに違いない。

①現実——課題が難しければ難しいほど、チームワークの必要性は高まる

私は身の程知らずの大きな夢を持っている。あなたの夢もきっと大きな夢だろう。実現させる価値のある夢は、どれも、それを夢見る人の「身の丈」に合っていないものだ。それを知ると、人は他者に助けを求めようという気になる。

②成熟——どれだけ「相手の立場」に立てるか

私は人として成熟することを、「利己的でないこと」と定義している。つまり、価値を認めている相手の立場に立ってものを見られるということだ。それはまた、「皆が上れるハシゴをつくること」であり、「我先にハシゴを上ろうとすること」ではない。

③成功の尺度——自分はどれだけ他者を助けられるか

人の価値を高めることは、私にとって常に金儲けよりも意義のあることだった。恐らく私が牧師であり、お金が成功を測る物差しだと考えてこなかったからだろう。

しかし、あなたの職業が何であれ、**成功の尺度は、「自分はどれだけ他者を助けられるか」**であるべきだ。

結局、人生とは人との関わりである。そのことを忘れてはならない。あなた自身のキャリアを心配する前に、人のことを心配しなければならない。

リーダーシップ能力を向上させるための努力、そして人の価値を高める能力を伸ばすための苦労を厭わないなら、あなたの人生はとても実りの多いものになるだろう。私がそうであるように。

あなたが何歳なのか、私は知らない。今、私が出会う人のほとんどは私より若い。しかし年齢に関係なく、私はあなたに一つ、訊ねたいことがある。あなたはどういう人生を歩みたいのだろうか。そして、世の中にどんな影響を残したいのだろうか。

私はあなたに、人々の価値を高めることで世の中に影響を及ぼす人物になってもらいたい。そして、より能力の高いリーダーを目指してほしい。影響力が強い人ほど、より大きなプラスの効果を及ぼすことができるからだ。

III部　「正しい選択」をすることこそ未来を拓く

NO
LIMITS

『ビジョナリー・カンパニー』の著者ジム・コリンズは、

「卓越性は、環境から生まれるものではない。偉大さの大半は意識的な選択、そして規律から生まれる」

と述べている。同じことが能力を伸ばす時にもいえる。意識的に**「正しい選択」**をするからこそ、能力も格段に向上していくのだ。

一生の間にどれだけの能力を身につけたいかを決める権利と権限はあなたにある。

本書の前半で、「高い意識」を持って成長していけば、「能力」を伸ばし、「正しい選択」をし、持てる力を最大限に発揮できる、と書いた。

このⅢ部では、**「正しい選択」**について書いていきたい。

しかし、その「正しい選択」について詳しく論じる前に、私が**「5のルール」**と呼ぶ戦略を授けたい。

これは『こころのチキンスープ』シリーズの著者マーク・ビクター・ハンセンとジャック・キャンフィールドに教わったものだが、私なりのアレンジを加えてある。

◆

◆

◆

たとえば、今まで見た中で一番の巨木を切り倒そうとしているところを思い浮かべてほしい。

あなたは考える。

「どう考えても大きすぎる。こんな巨木を切り倒すなんて、とても無理だ」

この無謀な課題に、あなたならどう挑むか。

ここで「5のルール」を活用する。具体的には、毎日、五回だけ巨木に斧《おの》を入れるのだ。

「たった、それだけ?」と思うかもしれない。だが、一日五回だけであっても、斧を入れ続けていれば、一週間、一カ月、一年と時間が経つうちに、いつか巨木は倒れるはずだ。

そして、時間をかけて何事かを成し遂げたいと思うなら、このやり方を踏襲することだ。

1 目標——あなたは何を成就させたいか ↓ 木を切り倒すこと。
2 手段——どうやって成就させるか ↓ 斧を振るって。
3 集中——木は何本あるか ↓ 切り倒すのは一本。他の木は傷つけない。
4 行動——何回斧を振るうか ↓ 五回。
5 一貫性——頻度はどれぐらいか ↓ 毎日。

このように、「5のルール」は、困難な仕事を完遂させるのに必要なもの全てを授けてくれる。

能力を最大限に発揮するには、明確な「目標」を定め、「手段」を決め、一点に「集中」し、「行動」を起こし、「一貫」して続けていくことだ。

この本を読み、自分だけの「斧」（手段）を見つけ、その「斧」をたゆまず毎日振り続ければ、あなたの能力は必ずや大きく花開くはずだ。

では、いよいよ「正しい選択」について一つずつ論じながら、あなたの「持てる力」を最大限に伸ばす手助けをしていこう。

10

責任感
「全てを潔く引き受ける」覚悟

この世で最も退屈で、厄介な言葉の一つが**「責任」**だ。

これまでにも、お偉方の口から何度もこの言葉を聞かされてきたはずだ。魅力的でもないし、ワクワクさせる響きもない言葉だが、あえて私はこの「責任」を最初の「正しい選択」として取り上げたい。

なぜなら、「責任」とは人生で直面するいくつもの大切な選択の「基礎」になるものだからだ。

「責任感の強い人間」になるべき六つの理由

理不尽な理由をでっち上げて、他人に責任をなすりつけるのは簡単だ。

誰しも、自分の置かれた状況は言うに及ばず、「自分で選んだ結果」についてさえ「人のせい」にして憚《はばか》らない。だが、自身の能力を伸ばし、限界知らずの人生を送るには、そうした考え方の傾向を克服せねばならない。

「責任」は、決して楽しいテーマではないが、その影響力は計り知れない。もし「もっと責任感の強い人間になる」と心に決めたなら、必ずや連動するかのように、物事がうまく運ぶようになるだろう。その理由は六つある。

1　責任は「成功の対価」である

二十世紀最高のリーダーの一人であるウィンストン・チャーチルは、**「偉大さの対価は責任である」**と述べている。これは、第二次世界大戦中、チャーチルがイギリスを率いてドイツの侵略に立ち向かっていた時も、そして現在も変わらぬ真実である。

私は子供の頃、さほど責任感の強いほうではなかった。しかし、父が折りにふれて聞かせてくれた『新約聖書』の「ルカによる福音書」の十二章四十八節「多く与えられた者は、多く求められる」は、すっかり私の体の一部となっている。より現代的な解釈では、「贈り物が大きくなれば、責任も大きくなる」となる。道を踏み外しそうになった時はいつも、この言葉が頭の中に響き渡ったものだ。

一人前になったばかりの頃、私はチャンスを追い求めていた。成功に逸《はや》る心を抑えるために、チャンスを目の前にした時には必ず「私はこれに自分の名前を刻んでもいいだろうか」と自分に問いかけていた。

言い換えれば、このチャンスを選び取った結果として生じる、良いことも悪いことも含めた**全ての「責任」を取る心構えはできているか**ということだ。

この問いかけの答え次第で、チャンスに向かって突き進むか、別の道を選ぶかを決めていた。この五十年間で何千回もこの問いかけを繰り返してきて、わかったことがある。

- チャンスが大きいほど、求められる責任も大きくなる
- 責任を軽視すると、チャンスは失われる
- 「明日のチャンス」を手にできるか否かは、「今日の責任」を取るか否かで決まる

成功者が成功者たり得たのは、好機を見つけ、それをつかみ取ったからだ。傍から見ると、成功者はヒョイとチャンスの扉を開け、いい思いをしているかのように見える。だから、「自分にもあんな好機が巡ってくればいいのに」と思ったりする。

だが、私たちが見ているのは「結果」だけで、彼らがその好機をものにするために、どれだけ深いレベルで責任を担ってきたかには気づかない。彼らとて、責任を負わずして、いかなる機会を活かすこともできなかっただろう。

2 責任とは「人生をコントロールすること」である

自分の人生が「大海に浮かぶ舵《かじ》のないボート」のように、流されるまま、制御されないままになっていないだろうか。

自分の人生は、自分で責任を取り、きちんと制御すること。もちろん自分ではどうにもならないことに直面することもあるだろうが、コントロールできる範囲内のことは、しっかり掌握しておくことだ。

「自分には自分の人生を選択する権限がある」と言い聞かせ、一度でも自分の責任で物事を選択するようになれば、人生は変わり始める。

元ファーストレディのエレノア・ルーズベルトは言う。

「結局、自分の人生を形づくるのは自分だ。そのプロセスは死ぬまで終わらない。そして、自分で選択したことは、最終的には自分の責任になる」

「自分の人生から逃げ出したい」といった衝動や欲求は、自分の人生に責任を持ち、自分の生き方を決めれば、大方は消えるはずだ。生きたいように生き、自分の行動の責任を自分で取るとは、**「自分にとってプラスになることをするのに、他人の顔色をうかがう必要はない」**ということだ。それこそが、能力を最大限に発揮するための出発点だ。

一方で、「自分の力ではコントロール不可能な部分」には、手を出さないことだ。古代ギリシアのストア派の哲学者エピクテトスも、「自分の能力を最大限に活用し、それ以外のことは成り行きにまかせろ」と言っている。さもなくば、無益なことで悩み、貴重なエネルギーを浪費してしまうだろう。

3　責任感は「自尊心」を高める

自尊心が持てなくなるのは、どういう時か。それは「自分の人生の責任」を取れなくなった時だ。作家のジョーン・ディディオンの主張はこうだ。

「自分自身の人生の責任を受け入れようとする姿勢が、自尊心の生まれる源である」

自分で自分の責任を取れない人は、嫌なことがあれば人のせいにし、被害者意識を持つ。そんな体《てい》たらくでは成功を手にし、人並み外れた能力を発揮することなど覚束ない。「正しいとわかっていること」を実行するために苦しい選択をすべき時、読者はどんな気持ちになるだろう。

大いに悩み、苦しむかもしれないが、心の底には「充実感」がないだろうか。自分の「芯《しん》の強さ」を感じないだろうか。「責任を取る」ための選択を繰り返していると、精神や感情が高ぶって力が漲り、深い自信に繋がっていく。

私の経験についてお話ししよう。三十代前半の頃、私は友人から「一攫《いっかく》千金のチャンスがある」と持ちかけられた。その頃、妻と私はお金がなかったので、その友人からお金を借りて、一口乗ることにした。

だが、OKしてから二時間ほどすると、不安になってきた。なぜなら、友人が全て手配して、リスクも引き受けてくれるので、私は何もしなくていいからだ。それは「正しいやり方」ではないと思った。

そこで次の日、友人に素晴らしいチャンスを与えてくれたお礼をもう一度言い、「必要な資金を自力で集められるようになったら、改めて参加させてもらいたい」と伝えた。

もしこの投資がうまくいったとしても、ずっと友人に頼りきりでは、この先もずっと「引け目」を感じることになると気づいたからだ。

その後、一カ月間必死で働き、私は投資に必要なお金を貯めることができた。それは私にとっての最初の投資であり、ワクワクした。それに自分の責任で投資するのは気分が良かった。利益も大きかったが、私の自尊心に与えた効果はもっと大きかった。あなたも自分の人生を自分で引き受ける選択をし、同じような経験をしてほしい。

4 「責任を取る準備」が整った時、行動力が生まれる

神学者で、反ナチ運動家として知られるディートリッヒ・ボンヘッファーによれば、**「行動は思考を巡らせた時に生まれるのではなく、責任を取る準備が整った時に生まれる」**。

責任を取ることが自発的な行動に繋がり、自発的な行動を取る人の人生はうまくいく、というのだ。なぜか？　それは、「一番速く走る人」が必ずレースに勝つわけではなく、「最初にスタートを切った人」が勝者となることも多いからだ。

自分で責任を取れる人は、他の人の動きを見てから行動を起こすということがない。と

にかく行動する。もし「その他大勢」から抜け出したいなら、誰よりも先に行動することだ。

私は問題にぶつかると、いつも気持ちをその問題に集中させ、「私には『行動する』という責任がある」と肝に銘じる。もし私が責任への意識に欠けた人物だったら、行動を起こすべき人生の局面にあっても、準備をした挙句、一歩を踏み出すことはないだろう。「責任を取る」とは「行動する」ことであり、「行動のための準備をする」ことではない。

5　責任感がつくほど「良い習慣」が身につく

「良い習慣」と「悪い習慣」とを分けるものは何だろうか。

たとえば、自分で決めたこと（「毎日、欠かさず運動をする」など）は必ず行なうと決め、「自分が決めたことには責任を取らねばならない」と、その決意を守るために日々努めていれば、「良い習慣」が身につき、その努力に応じた結果を得られるだろう。

一方、責任感がなく、「自分で決めたこと」を実践できない人は、やるべきことを先延ばしにしたり、権利ばかり主張したり、言い訳したりといった「悪い習慣」が身につく。遅かれ早かれ、そうした悪習は身を滅ぼすことに繋がるだろう。

特に「言い訳」は、成功の最大の敵となる悪習である。言い訳ばかりしていると、自分の人生に責任を持たない理由をこじつけるようになる。言い訳をしている限りは、失敗から学ぶことができない。言い訳をして、他の人や環境を悪者にするのは、「自分の人生を自力で変えるのを諦める」ということなのだ。

もう一つの悪習は、勝敗にかかわらず、「自分にはトロフィーを受け取る資格がある」と思い込むことだ。仕事であれ、遊びであれ、「得するはずだ」とか、実際の仕事の出来不出来がどうであれ、「賞賛されるべきだ」などと思ったりする。要するに、自分は何一つ努力しなくても、誰かの支援を受ける権利があるという考え方だ。

このような悪習に染まっていれば、責任感を持つなど到底無理な話だ。

最近、私は優れたリーダーである、アメリカンフットボールの名コーチ、ルー・ホルツに会った。彼は実に面白い男だ。「ボールがバウンドした方向が悪いと不平を言うやつは、それを受け損なったやつだ」と、彼は言う。もちろん、たまにはボールを落とすこともあるだろう。しかし最悪なのは、ボールを落としておいて、それを人のせいにし、他の人に拾わせることだ。

仮に責任を放棄したとしても、「放棄する」という決断をした責任は自分にある。

最初に身につけるべき有益な習慣とは、悪習による損失をなくすことだ。そして、「適切な選択」を行なうことである。

6　責任感は尊敬と権威をもたらす

「尊敬」を得るには、困難な状況を乗り越えねばならない。尊敬は「与えられるもの」ではなく、「勝ち取るもの」である。自分には人望がないと嘆くリーダーがよくいるが、そういう人の問題点は、肩書きに頼り、責任ある行動を通じて尊敬を勝ち取ろうとしないことだ。

今は亡きピーター・ドラッカーは**「経営者に権力はない。経営者にあるのは責任だけだ」**と書いている。私も同感だ。

私たちは苦労せずに尊敬されたいと望むことが多い。必要であっても、難しい話をすることを避け、問題がいつの間にか消えてなくなるといいと思っている。しかし、そうは問屋が卸さない。

前にも取り上げたスティーブン・M・R・コヴィーは、面倒で問題の多い案件に責任を持って取り組む場合について、次のように書いている。

あなたの頭にあることを口に出すこと。あなたの意図するところを隠さないこと。率直に話す時、私たちは真実を語り、正しい印象を与えることができる。多くの会社員は、上司が誠実に話しているとは思わない。そうなると、上司は「信用税」を払わねばならない。この支払いが発生すると仕事のスピードは落ち、コストは増える。私たちは込み入った言葉から真実を探り出すために多くの時間を費やしている。(1)

若い頃、リーダーだった私は人々を幸せにしたいと願うあまりに、「相手の耳に心地良いこと」ばかりを言い、「彼らが本当に聞かねばならないこと」を言わなかった。優れたリーダーならば、責任を持って「受け入れがたい真実」について語るものだが、そうはしなかった。私は確かに「信用税」を自分自身と他のメンバーに課していたことになる。

今では、私は責任を喜んで引き受け、メンバーの尊敬を勝ち得たいと、日々望んでいる。すると、本当に責任を取る気概があるか試される機会が巡ってくるものだ。

数年前、私は友人のトッド・ダンカンに頼まれて、金融関係者の集まりで話をすることになった。それ以前にも、何回かトッドの依頼で話をしていたので、出席者のためになるならと、その日を楽しみにしていた。私の講演テーマは「大切なのは今日」だった。ところが話をしている最中に、何かがおかしいと気がついた。講演の出来は悪くなかったが、私が思うほど彼らの心には響いていないようだった。

その後、私はトッドとディナーを共にしてから、飛行機で帰ることになっていた。ディナーに向かう途中、私は秘書のリンダに電話をかけた。みぞおちのあたりに重苦しいものを感じたからだ。

「リンダ、去年、トッドのところで何の話をしたか、調べてもらえないか？」

「いいですよ。ちょっと待ってください」

リンダがコンピューターのキーボードを叩く音が聞こえた。

「『大切なのは今日』という話です」

私は言葉を失った。

ディナーの席で、私はトッドに謝罪した。

「大丈夫ですよ、ジョン。聞くのは二度目でしたが、いい話でした」

と、トッドは鷹揚《おうよう》に答えてくれたが、彼が望んでいたような話——彼が私に払ったギャラに見合うだけの話——ができなかったことは明らかだった。

その責任は私にあった。だが、スケジュールはいっぱいで、次の日にもう一度話をするという選択肢はなかった。

「トッド、来年、改めて話をさせてもらうよ。もちろん経費は私持ちで、謝礼はいらない。君には借りがあるからね」

彼はそれを断ろうとした。

「それに明日の朝、皆さんに今日のことをお詫《わ》びしたい」

「私が代わりに伝えますよ」

「いや、ヘマをしたのは私だから、私が謝らなければいけない」

そして、私は謝った。飛行機の予約を変更し、その晩はその地に泊まって、翌朝、二千五百人の聴衆に、一年前と同じメッセージを伝えたことを謝罪した。

その日の午後、空港へ向かう車の中で、私のしたことは正しかったと確信していた。私はヘマをしたが、その責任をきちんと取って、やるべきことをやった。そして翌年もトッドのところで話をした。

もちろんタイトルは「大切なのは今日」ではなかった。

エリック・グレイテンズは、その著書『立ち直る力（*Resilience*）』で、責任感の基本を次のように説明する。

「責任を多く引き受ければ引き受けるほど、立ち直りは早いようである。行動であれ、生き方であれ、自分の幸福であれ、なるべく責任を取らずに済ませようとすると、しっぺ返しを食らうことがよくある。『立ち直る力』の根底には、結果の責任を進んで引き受けようとする姿勢がある」(2)

この姿勢は、能力を発揮するための基本でもあるのだ。

11 人間性

この「支柱」がある人の存在感

「価値観」とは何かを評価し、行動を決める時の基準となるもので、基本的には不変であるが、「考え」は変わっていくものだ。何か新しいことを学ぶと、それに合わせて考えも変わる。生まれてこのかた、私も実に様々な考えを持ったが、それは取りも直さず多くのことを学び、経験してきた結果にほかならない。

たとえば、二十代の頃は、「どのように人は育っていくか」について、遺伝よりも環境のほうが圧倒的に重要と考えていた。しかし、今では「環境」ももちろん大事だが、生まれ持った「資質」の影響はとても大きいと考えるようになった。「経験」によって「考え」が変わったわけだ。

今、私は「確実であること」よりも、「明確であること」にこだわるようになっている。「確実」だと感じることは少なくなったが、「はっきりとわかっている」ことは、かつてなく多い。中でも一点の曇りもなく明確なのは、私の「価値観」である。

なぜそれほど「価値観」に重点を置いているかというと、**「価値観」とは人格・人間性の基礎であり、「人格」「人間性」とは成功の基礎**だからだ。

「優れた人間性」を形成すべき七つの理由

前章でも、「責任」という言葉はあまり面白いものではないと言ったが、「人格」や「人間性」もまたしかり。優れた人格・人間性を形成することは、決して華やかでも、心躍ることでもない。毎年、目標として掲げてもワクワクするものでもない。

しかし、**「人生で最も大切なもの」を二、三挙げるとしたら、「優れた人間性を身につけること」は必ずその中に含まれる**だろう。

人間性がなぜそれほど大切なのか、そしてなぜ、人生における「正しい選択」の中に、優れた人格を形成していくこと、すなわち望ましい価値観を身につけていくことが入っているのかについて、これから述べていこうと思う。

1　内側から湧き出る「自信」と「安らぎ」が実感できる

『7つの習慣』のスティーブン・R・コヴィーは言う。
「自分の価値観に従って生きていると、自分を偽らずに生きていることが、快活さと安らぎのうちに実感できるだろう。誰かの言葉や他人との比較によってではなく、自分の内面から自分自身を規定できるようになるからだ」（1）

コヴィーが言わんとしているのは、**「優れた人間性、つまり精神の強さは、自身の価値観に基づいた選択によって育《はぐく》まれる」**ということだ。

前向きな価値観に基づいた「正しい選択」を重ねていけば、品性が磨かれ、正しい道を選び取る精神力、気概も育っていく。

反対に、いつも手間や努力を惜しみ、妥協を繰り返し、正しいことに目をつぶってばかりいると、品性のない人間になり下がる。人としての「器」も小さくなって、意志は薄弱、判断力もにぶり、正しい選択など全くできなくなるのだ。

ファストフードチェーンのチックフィレイの創業者トルエット・キャシーは、「コミットメント（責任を伴った約束、公約）が大きければ大きいほど、より大きく成長する責任がある」と言い続けていた。(2) 四十五億ドル規模のレストランチェーンを築き上げた彼のコミットメントは、さぞかし大きかったに違いない。

しかし、彼の言葉は的を射ている。私たちは常に自身の人間性、精神性に良い影響を与えるような選択をすべきなのだ。

読者が普段、重視しているものは何だろう。もっと多くの儲けを出すことか。会社を大きくすること、あるいは起業することか。それとも自分の人間性をより良く、より深く、より強く練り上げることだろうか。

「今、この瞬間、何を最も重視するか」という毎日の選択の積み重ねによって、自分という人間がつくられることを忘れないでほしい。

2　人間性は「言葉より雄弁」に語る

私は、伝説的なバスケットボールの名将といわれるＵＣＬＡ（カリフォルニア大学ロサンゼルス校）のジョン・ウッデンから数年間にわたって指導を受けるという幸運に恵まれた。そして、ある時、

「評判よりも、自身の人間性を大切にすること。なぜなら、人間性とはあなた自身であり、評判とは他人がどう思っているかにすぎないから」

と言われたことがある。

「他人からどう見られているか」より、「内面性」のほうが遥かに重要である。アブラハム・リンカーンは、「人間性が木なら、評判は影のようなものだ。影は我々がそれをどう思うかであり、木こそが本当のものだ」と言っている。

人間性とは、あなたの内面の姿そのものだ。そして、あなたの**精神性こそが、人々に語りかける**のだ。あなたの人間性・精神性は、あなたが発する言葉よりも、また他人があなたについて発する言葉よりも、時に雄弁だ。

人間性とは、自分という人間を世の中に示すものだ。

最近、私は友人のリンダ・キャプラン・セイラーと食事をした。彼女はアフラックのコーポレートキャラクターとしてCMにも登場するアヒル（アフラックダック）の生みの親で、広告代理店の重役である。リンダは、チェスをやっている息子、マイケルの話をしてくれた。彼は六歳の時、全米チェス選手権の決勝戦に進んだ。相手は王手をかけてきたが、本来ならば鳴らさなければならない対局時計（競技者の持ち時間を表示する時計）を鳴らさなかった。

　マイケルは対戦相手を見て、

「時計を鳴らしてないよ」

と言った。そして相手は時計を鳴らし、マイケルは試合に負けた。

　後でリンダは言った。

「マイケル、どうして相手に時計を鳴らすように言ったの。相手が時計を鳴らさなければ、そのままあなたが勝てたのに」

　マイケルは彼女を見て、こう答えた。

「だってママ、そんなの勝ちじゃないよ」

　マイケルは、その日の試合には負けたかもしれないが、その優れた人間性で、これからも大切なものを勝ち取っていくだろう。

3　人生のあらゆる場面で「揺らぎ」がなくなる

　人徳や優れた品性を持った人物は、環境や状況が変わろうが、人生のあらゆる場面で揺らぎがない。

十年以上前、タイム・ワーナー・ブック・グループの会長兼CEOであるローレンス・J・カーシュバウムと食事に出かけた時、彼は私にある提案をしてきた。

「ジョン、実は君に企業倫理について本を書いてほしいと思っているんだが」

「そんなものは存在しませんよ」

と、私は答えた。

「何だって？　それはどういう意味だ？」

「企業倫理などというものは存在しないんです。あるのは倫理だけです。仕事には仕事の倫理、信仰にはまた別の倫理、そして家庭ではまた別の倫理を当てはめようとする人が大勢いますが、それが間違いのもとなんです。

倫理は倫理です。倫理的な人間になりたいと思ったら、全てを通じて一つの倫理に従って生きなければならないのです」


「高潔である」とは、あらゆる状況で同じ基準を用いるということだ。

正しいことはいつでも正しく、間違っていることはいつでも間違っている。高い人間性を持っている人はぶれない。相手によって、そして状況によって様々な基準を持ち出してくる人の人生は崩壊している。

4　周囲との信頼が醸成される

崩壊した人生を送っている人に期待を寄せるのは難しい。そうした人は、どんな状況でどのような行動を取るか、全くわからないので信用できない。それに対して、一定の基準に従って生き、人格的に優れた人は信頼される。その人の言葉と行動は矛盾することがない。その人のことはもちろん、その人の発した言葉も信用できる。

人間性を磨くことは、いい人間関係を築くことにも、そして信頼の醸成にも役立つ。全ての人間関係は信頼の上に成り立っているから、人格を磨けば、自ずと周囲からの信頼も厚くなる。

その結果、あなたの人生の質だけでなく、リーダーとしての能力も含めた、仕事上の人間関係の質も向上する。反対に、信頼のないところではリーダーシップも揺らぐだろう。

5「苦境に立たされた時」に支柱となる

ジョンとジョージという二人の老人についての物語を読んだ。二人は高校時代からの友人だったが、二人共、自分の意見を曲げない頑固者だった。ある日、些細なことで一段と激しく言い争い、ついには罵《のの》り合《し》いになり、訣別《けつべつ》。二人は数カ月間、ひと言も話をしなかった。

しかし、ジョージが重病になった。彼はジョンを入院している病院に呼び、自分が死ぬ前に関係を修復したいと伝えた。彼はジョンの手を取って、囁《ささや》いた。

「ジョン、おまえを許すから、おまえも俺のことを許してくれるか？」

ジョンは友人の最後の頼みにいたく感動した。彼が答えようとした瞬間、ジョージの本音が出た。

「もう一つ、言うことがある。もし病気が治って、死ななかったら、この話はなしだからな！」

馬鹿馬鹿しい話だが、真理を突いている。困難な状況によって人間性が変わることはないということだ。人格的に優れていなければ、相手を許し、優しく接することはできない。マハトラ・ガンジーも言っている。

「弱者は絶対に許すことができない。寛容は強者の特質である」

人間性に優れていれば、困難にぶちあたっても、ぶれることはない。反対にあなたが人格に弱さを抱えているなら、困難にぶつかるたびにやる気をなくすだろう。優れた人格を形成するために、自らの価値観に基づいた正しい選択を日々すること。そのたびに、また一つ強くなれる。今こそ人間性に磨きをかける時だ。嵐が来てからでは遅すぎる。

6　どんな時も「正攻法」で勝負できる

多くの人は他者に対する時、「自分が相手から受けたのと同じ扱い」を、その人にしようとする。それが人間というものだ。

以前、ある有名なビジネスマンがこんな発言をしていた。「誰かにひどい目に遭わされたら、確実に仕返しをしてやる。みんなが見ている前で急所を攻め、『こいつには、手出ししないようにしよう』と思わせる」と。

私は、こういう生き方はしたくない。相手にひどいことをされても、倍返ししようとは思わない。逆に相手が親切にしてくれたら、もっと相手に親切にしてあげたい。私は常に「正攻法」でいきたいと思っているし、読者にもそうすることをお勧めする。

人は「陰湿なこと」をしがちである。

陰湿な人というのは……

・不当に扱われた時は報復する
・人をだましたり、思わせぶりなことをしたりする
・感情の赴《おもむ》くままに行動し、情緒も不安定
・受け身的
・人並みの生き方しかできない

対して、人格に優れ、誠実に生きる人は、全く違う。彼らは……

・無条件の愛と寛大さを兼ね備えている
・いいかげんな態度を取らない
・価値観に基づいた優れた人間性に導かれている
・先を見越して行動する
・人とは違う生き方をする

確かに、私も全ての人に対して誠実に接することができているわけではないが、そうしようと努力はしている。

一九六〇年代、私の父はオハイオ・クリスチャン大学の学長だったが、大学の理事会の父に対する態度は、明らかに敬意と配慮に欠けたものだった。しかし、父は決してそのことを根に持ったりせず、理事会を悪く言うことはなかった。

あるインタビューで、父は特に父に対してつらく当たっていた人物についての意見を求められた。父がその人物の長所ばかりを話すので、インタビュアーはその人物が父についてひどいことばかり言っているとかまをかけてきた。その時、父は次のように答えた。

「あなたが私に聞いたのは、『彼が私をどう思っているか』ではなくて、『私が彼のことをどう思っているか』ですよね」

誰かから不愉快な仕打ちを受けたら、「それはその人の問題であって、自分の問題ではない」と思えばいい。

誰かに利用されたら、「そういう連中とつき合ってしまった代償だ」と思えばいい。

誰かに批判されたら、「リーダーシップに批判はつきものだ」と思えばいい。

あなたも対人関係で嫌な経験をすることもあるだろう。時には傷つくこともあるし、不公平な扱いを受けることもあるだろう。人から利用されることもある。だが、そのことに引きずられることなく、この世界をより素晴らしい場所にし、人々を助けることに意識を向けていってほしい。

7 「最後までやり遂げる力」が身につく

伝説のセールスマンであり作家でもあるエルマー・G・レターマンは、「個性を発揮して扉を開けることはできる。しかし、その人に優れた人間性が備わっていなければ、その扉は閉じられてしまうだろう」と言っている。

やると言ったことは最後までやり遂げる。約束は必ず守る。そういう人間性の持ち主であれば、誰もが頼りにするだろう。

ひるがえってあなたは、「何かを実行する」と口にしたら、最後までやり遂げているだろうか。約束を守る人だと、周囲から言われているだろうか。それとも、途中で投げ出して雲隠れしないかと、心配されているだろうか。

教育者、作家で黒人のための高等教育機関を多数設立したブッカー・T・ワシントンも「人格こそ力である」と言っている。

マリー・キュリー博士は、「一人ひとりの向上なくして、より良い世界を築くことはできない。一人ひとりが自らの向上のために努力するのと同時に、全人類に対する責任を分かち合わなければならない」と考えていた。

もし自分の人格を磨きたいと思ったら、価値観、考え方、感じ方、そして行動の四つを連携させる必要がある。優れた価値観を持ち、他の三つがそれに見合ったものになれば、人生は最上のものになる。

人間性の向上のために、読者には地道な努力を積み重ねる用意があるだろうか。努力したからといって、誰かが誉めてくれるわけではない。実際、自分がどれほど成長したかは、本人にしかわからないかもしれない。だが、きっとそれは望ましい成果、より良い人生に繋がっていくはずだ。

優れた人間性を持つ人物が、さらに人格を高めようと「意識的な選択」を日々重ねれば、それは一国をも変革しうるような素晴らしい結果に繋がる可能性もあるのだ。

12

信頼感

「人生の豊かさ」を信じられるか

思うに、私は生まれつき、「人生の豊かさを感じる力」が身に備わっているようだ。生まれ持っての楽天的な性格のおかげで、私は考え方が前向きで、人を信用しやすく、人が好きで、人生を楽しむことができた。私は選択肢が多いほどうれしかった。その分、可能性が広がるからだ。

もちろん、違う考え方の人もいる。「欠乏感の強い人」だ。

「豊かさを感じる力の強い人」は、「この世にあるものは何でも、全ての人が手にしてもなお、余りある」と信じている。だが、「欠乏感の強い人」は、そんなふうにはとても考えられない。前者は「イエス」と答えることが、後者は「ノー」と答えることが多い。

「豊かさを感じる力の強い人」と「欠乏感の強い人」とでは、「同じ世界」を見ていても、そこから受け取るものは全く異なる。だが、どちらも本人にとっては現実だ。

そして、私たちの人生、そして将来の可能性は、このような「ものの見方」に大きく左右される。「欠乏感の強い人」は、自分の能力を最大限に発揮するのが難しくなる一方、「豊かさを感じる力の強い人」は、自分の限界に大胆に挑戦していくだろう。

そして、自分の住む世界を決定づける、こうした「ものの見方」は、自分で選ぶことができる。つまり、「豊かさを感じる力の強い人」になるか、「欠乏感の強い人」になるかは、自分次第なのだ。

「この世界をどのように見ているか」が、自分の人生の選択に影響を及ぼす。だからこそ、「世の中は豊かさにあふれている」と考えを改めてほしい。それだけで、人生の可能性は限りなく広がる。

「豊かさを感じる力の強い人」は、自分にこう語りかける。

「十分にあるから大丈夫」

ところが「欠乏感の強い人」は、

「急げ。早くしないとなくなるぞ」

と警告する。心の中で、どのような声が語りかけているかで、あらゆることへの「反応の仕方」が変わってくるのだ。

「安全圏」にとどまるか、「未開の地」に挑戦するか

一般的に「欠乏感の強い人」は安全圏にとどまっていたいため、「ノー」と言うことが多い。

一方、「世の中は豊かさにあふれている」と信じている人は新しいことにトライしようとするため、「イエス」と言うことが多い。

人生に「ノー」と言うことの多い人たちの生き方は、どのようなものだろう。

・**世界が狭い**――新しいチャンスを避ける
・**自分に甘い**――「ノー」と言えば、何もしなくていいし、どこへも行かなくていい
・**安逸**《あんいつ》――慣れ親しんだことしかしない。「これから何を手に入れられるか」よりも、「今あるわずかなもの」を失うことへの恐怖が大きい
・**欺瞞**《ぎまん》**的**――安全そうに見えて、実はそうではない。ベストセラー作家スティーヴン・プ

レスフィールドは言う。「自分に嘘をつくことと、その嘘を信じることは別の話だ」
・群れをなす――集団の中にいれば安心だ

では、人生に「イエス」と言うことの多い人たちの生き方は、どのようなものだろう。
・ワクワク感――新しいことを学ぶには創造性が必要だ。作家で、コメディ女優でもあるティナ・フェイの言う「まずイエスと答え、それから考える」という人生哲学を実践している
・広がり――豊かさが豊かさを生む。豊かであることを実感すればするほど、能力は広がっていく
・挑戦意欲――新しい道を歩むのは骨が折れるが前進あるのみ
・充実感――イエスの向こう側には、さらに多くのイエスがある

もちろん、どんな時でもノーは悪く、イエスは良いというわけではない。しかし多くの場合、「ノー」の人生を生きる人は選択の幅もチャンスもあまりなく、実績もなかなか上げられない。逆に、「イエス」の人生を生きる人は、その人自身も成長するし、世界も広

がっていくものだ。

「豊かさ」を信じる感度の高い人の特徴

人生の豊かさを信じる力の高い人は、どのような問いであっても答えは「イエス」、つまり**「必ず方法は見つかる」**と信じている。必ず前に進む道があると。もちろん、道はなかなか見つからないこともあるし、その道でできるのは「一番やりたいこと」ではないかもしれない。

しかしどのような道であれ、**「必ず道はある」**と、彼らは信じている。そうした考え方を身につけられるように、参考として「人生の豊かさを信じている人」の考え方を三つ紹介しよう。

1 自他を「信頼」している

人生の豊かさを存分に楽しめる人は、なぜいつでも「イエス」と言えるのか。それは人生のあらゆる領域に強い信頼感を持っているからだ。

■自分を信じている――「他の人々が思っている以上に、私には能力がある」

小説家のマーク・トウェインの言葉に、「人は自らを認めることができなければ、心穏やかでいられない」というのがある。たとえ他の人の賛同は得られなくても私が自分の考えや決断に「イエス」と言うことができるのは、私が自分自身を信じているおかげだ。

自分への信頼があれば、積極的に行動することができるし、自分を信じられなければ一歩踏み出すことさえ躊躇《ちゅうちょ》するだろう。私たちが躊躇するのは、「できない」と思うからではなく、「自分に自信がない」からだ。

誰かから選ばれるまで待つ必要も、誰かが許可を与えてくれるのを待つ必要も、誰かに資格を与えてもらう必要もない。自分を信じること。「きっと、できる」と信じるのだ。

■人を信じている――「みんなには、私が知っている以上の能力がある」

私は、人は誰でも十点満点だと思うことにしている。そういう考え方は非現実的だと言う人もいるだろう。だが、私は「疑わしきは罰せず」、つまり「判断がつかないことは良いほうに受け取る」という原則を全ての人に適用したいのだ。人は誰でも、能力を伸ばし、より良い人生を生きるだけの力があると、心底信じているからだ。

自動車王ヘンリー・フォードは、まさにこの思考法で彼の帝国を築き上げた。「私はできないことは何かを知りたいのではなく、無限の能力を持った人間を求めている」という言葉が示しているのは、他者への信頼だ。

欠乏感にとらわれた人は「そんなこと、できるわけがない」と簡単に口にする。それどころか、彼らは「できない」と言うのが好きでさえある。しかし、昔から人間は不可能だと言われていたことをいくつも可能にしてきた。「この世界はもっと豊かなはずだ」と信じていなければ、新世界を発見したり、新商品を開発したり、新しい手法を生み出したりすることなどできない。

■今日を信じている――「今日には、私が知っている以上の何かがある」

人生の豊かさを信じられる人は、「今度は前よりもっとうまくできる」と信じている。そういう人は成長できるし、常に成長し続ける。「私は、前よりもっとうまくできる」という心的態度で生きていれば、真っ先に行動を起こせる人間になるだろう。そして、スタートが早ければ、勝負に勝つ可能性も高くなるのである。

■明日を信じている――「私の未来には、私にわかっている以上のものがある」

人生の豊かさを信じられる人は、「未来」を信じることができる。すると、エネルギーが心身に漲ってくる。私は変化を起こすような「意義のあること」にエネルギーを使いたい。あなたは、どんなことにエネルギーを使いたいだろうか。エネルギーを使いたいことこそが「天職」と呼ばれるものなのだ。

2　大局観がある

私たちの人生観は、「何を見ているか」ではなく、「どのように見ているか」、つまり、「どんな人柄・人となりなのか」で決まる。

同じ状況や立場に置かれた二人の人間が、全く違った見解を示すことがある。ある状況について、欠乏感の強い人が「もうどうしようもない！」と嘆いている時、人生の豊かさを信じられる人は「もっといい方法があるはずだ！」と考えている。

世の中が進歩してきたのは、人生の豊かさを信じられる人が、明るい未来への展望を心に抱いてきたおかげだ。

昔の人は、暖炉以外に部屋を暖める方法はないと思っていた。ベンジャミン・フランクリンは、もっといい方法があるに違いないと考え、いわゆるフランクリンストーブを発明した。ジェームズ・ワットは、馬に乗る以外にすばやく移動する手段があるに違いないと考え、蒸気機関を発明した。

アレクサンダー・グラハム・ベルは遠くの人と話をする方法があるに違いないと考え、電話を発明した。

ライト兄弟はきっと人間の力で空を飛べると考え、動力飛行機を発明した。

例を挙げたらきりがない。はじめから「できない」と諦めるのはやめて、可能性を信じ、「視点」を変えれば、革新や前向きな変化に繋がる扉を開くことができるだろう。

3 寛大である

最後に取り上げたいのは、「人生は豊かさにあふれている」という思いからくる**寛容さ、寛大さ**についてである。こう書くと、慈善活動や寄付などを思い浮かべるかもしれないが、たとえば「人々にチャンスを与える」「大目に見る」なども寛大さの表われだ。「一緒に働きたい」と思ってもらえるような理由を用意することなどもそうだ。

余裕のある人は、他の人にもチャンスを与え、首尾よく仕事を進めるための情報や手段を与え、成功すれば功績を認め、失敗すれば静かに見守る。つまり「余裕からくる寛大さ」とは、「精神的な寛大さ」のことだ。

generosity（寛大）の語源は、「高貴な生まれ」という意味のラテン語、generosusである。つまり特権を与えられ、富を相続した貴族の一員で、他の人よりも位が高いと思われる人を意味する言葉だ。

相手より自分のほうが上の立場になった時は、寛大に接すること。あなたがリーダーなら、地位と、それに伴う恩恵を受けていることをよく肝に銘じ、自分についてきてくれる人たちに寛大に接しなければならない。人生の豊かさを信じ、余裕のあるリーダーは、チームや組織により大きなプラスの効果をもたらすことができる。

「人に与えすぎると、自分が枯渇してしまうのではないか」と不安を感じるかもしれないが、実際にはその反対で、与えれば与えるほど得るものがあり、より寛大な心を持つことができるようになる。相手に微笑みかけると、普通、相手は微笑みを返してくれる。そうなると、あなたはもっと微笑みたくなる。それと同じことだ。人に与えれば与えるほど、人から好かれ、もっと人に与えたくなる。

誰でも「欠乏感に苛まれる世界」から「豊かな世界」へと生きる世界を変えることがで

きる。たとえこれまでの人生、常に欠乏感に悩まされていたとしても大丈夫だ。なぜそれがわかるかといえば、これまで「欠乏感に苛まれる世界」から「豊かな世界」へと生き方を変えた人々を数多く見てきたからだ。その一人が、私が二十年間メンターをしている、友人のケビン・マイヤーズだ。

「以前の私は、人生はパイのようなもので、ピースの数は決まっていて、ピースが残っているうちに自分の分を確保しなければならないと思っていました。でも、『もしパイがなくなったらキッチンでもう一個焼けばいい』ということをジョンに教わりました。それまでそんなことは考えもしませんでしたが、今はそれを受け入れています」

と、ケビンは言う。

大抵の人は、心のどこかで豊かさ、余裕を持ちたいと思っている。私から読者へのアドバイスは、「心の求めるままに生きよ」ということだ。人の心は豊かさを必要としている。だからこそ、声に出して、こう自分に語りかけよう。

「世の中には、まだまだ豊かさがあふれている」

13

自制心

やるべきことを「やり抜く」力

二〇〇〇年に、私はインドのニューデリーにある国立ガンジー博物館を訪れた。そこで目にしたのは、

「私たちがすることと、私たちにできることとの差がわかれば、世の中のほぼ全ての問題を解決できるだろう」

という、マハトマ・ガンジーの言葉だった。それ以来、この言葉についてよく考える。

「すること」と「やればできること」の間に差があるのはなぜだろうか。そして、その差を補い、溝を埋めるには、一体何が必要なのか。

答えは、「才能」でも「時間」でもない。では、一体、何なのか。

何年も考えて、ようやくその答えが見えてきたような気がする。それは**「自制心」**、つまり**自分を律して努力する姿勢**だ。

換言すれば、**「やるべきこと」を継続的に、かつ責任を持ってやり抜く力**となる。この自助努力ができるか否かで、他の人と大いなる差が生まれるのだ。

「成功要因の九〇％」は目に見えない

成功を手にしている人は、重要な仕事に携わる時はきわめて自制的である。自分の「やりたいこと」だけではなく、「やるべきこと」を成し遂げるための自助努力を欠かさない。だからこそ「普通」から「優秀」へ、そしてさらに「一流」へと上り詰めていく。そして、怠惰な人が手にできない「それ相応の見返り」を得ているのだ。

トレーナー兼スピーカーのマーク・タイレルによる自制心の説明を次に引用しておこう。

いつしか私は自制心を目に見えない魔法のようなものだと思うようになった。見えないし、味もしないし、匂いもしない。しかし、その効果は絶大だ。肥満体型をスリムにしたり、たるんだ体に筋肉をつけたり、素人《しろうと》を玄人《くろうと》にしたり、貧乏人を金持ちにしたり、負け組を勝ち組にしたりする。あなたの「才能」は、水中に沈んでいる氷山のように、その大部分は水面の下に隠れているものなのだ。(1)

「他人の成功要因の九〇%は目に見えない」ことを理解している人は少ない。

トップアスリートは、最高のパフォーマンスをいとも簡単に披露しているように見えるが、私たちの知らないところで膨大な時間を、そのテクニックの修得に費やしている。素晴らしいミュージシャンも同じだ。ステージ上での演奏に費やした二時間は、彼らが完璧なスキルを習得するために費やした途方もない時間のうちのほんの一瞬にすぎない。

人々はアスリートやアーティストを見て、「僕もあの人ぐらい幸運だったらなあ」と思う。しかし本当は、「僕もあの人ぐらい自制心が持てたらなあ」と言うべきなのである。

効果的に「自助努力」する方法

タイレルは、「『人生は待合室だ』ぐらいの認識しかない人が多すぎる」と言う。私も同感だ。大抵の人は、「あなたが成功する番ですよ」と名前を呼ばれるのをひたすら待っている。しかし、成功のほうが私たちの名前を呼びながら探しにきてくれるわけがない。「たまたま大成功を収める」なんて、あり得ないのだ。

欲しいものを手に入れるには、時間、努力、忍耐、エネルギー、そして責任感が不可欠だ。その全てを揃《そろ》えるには、「自制心」を身につけねばならない。

いいことを教えよう。自制心は自力で身につけられる。

以下のことを念頭におき、実践するのみだ。

1 「何が重要か」を知る

私は高校時代、あまり出来のいい生徒ではなかった。やることと言ったら、友達と遊びに行くか、バスケットボールをするくらいだった。クラスで上位の成績を収めていた生徒は、私のような生徒がいたことに感謝してほしいものだ。ところが大学に進学して、全てが変わった。最初の学期に、私は成績優秀者リストに載るほど真面目な学生になった。

一体、何があったのか。

私は大学生になった途端に、「本当にやりたいこと」のために準備が必要だと自覚したのである。遊んでいる時間はもうない。授業中は完璧にノートを取り、勉強の習慣を身につけ、優秀な学生から影響を受け、自分の未来に照準を合わせた。全てが変わり、それからは自制心を養うための旅が始まった。

スティーブン・R・コヴィーは、自制心について興味深いことを書いている。

自分はそれほど自制心があるほうではないと、簡単に結論づける人が多い。そういう考え方をする人の問題は、多くの場合、自制心の有無ではないと私は思っている。問題なのは、その人が自分にとって何が重要かを明確にするために十分な努力をしていないことだ。ひとたび「本当に大切なのはこれだ」と言える熱いものが心の内に芽生えさえすれば、重要ではないことを拒絶するのはとても簡単なことだ。(2)

私の人生を思い返しても、まさに彼が言う通りだと思う。何を天職とすべきかが明確になった途端、情熱がふつふつと湧き上がり、私の人生における優先順位が定まったのだ。

最近読んだビジネスコンサルタントのブライアン・トレーシーの記事によれば、アメリカの成人の九七%は、明確かつ具体的な目標を持たず、ましてや目標を書き出すこともなく人生を送っているという。彼はこのことを、「地図も持たずに異国の地を旅するようなもの」だと言っている。これは的確な喩《たと》えだ。道筋がわからなければ、行く価値のある場所にたどりつくことはできない。

自分にとって何が大切か、自覚しているだろうか。「やることリスト」に目標を書き出したことも、目標を考えてみたことすらもないのなら、自制心がまだ芽生えていない可能性が非常に高い。

自制心を伸ばすための最良にして唯一の手段は、何が重要かを見極め、それを人生の道標にすることだ。

2 「言い訳」を排除する

「自制心」が、人生の目的地まで続くハイウェイだとすれば、「言い訳」はハイウェイから下りる出口である。人生のハイウェイは出口だらけだ。いくつか例を挙げておこう。一つや二つは、あなたも口にしたことがあるに違いない。

・年が明けたら始めよう

・一人でやるのは嫌だ
・妻（夫）は、私と一緒は嫌がる
・子供が卒業したらやろう
・子供の学校が始まったらやろう
・もっと元気がある時にやろう
・天気が良くなったらやろう
・もう少し暇ができたらやろう
・誕生日が過ぎたらやろう
・明日やろう
・引退したらやろう
・太りすぎだ——少しやせてからやろう
・年をとりすぎている（まさかこれから若返るつもり？）
・経験がなさすぎる
・怖くて無理
・疲れすぎていて無理
・何から始めればいいかわからない

私自身もこうした言い訳をしたことがあるが、自慢できる話ではない。

何が言い訳になるかは、こう自分に問いかけてみればわかる。

「それは私が大好きなことをやるための妨げになるか」

もし妨げにならないとすれば、それはただの言い訳にすぎない。今すぐ頭から消し去ることだ。

3 その気になるまで待たずに「すぐ行動」

グーグルで「成功のコツ」と検索すると、アッという間に六七〇〇万件がヒットする。人々は長年にわたって、「どうすれば成功できるか」について様々に書いてきた。だから、成功のコツを知りたいと思えば簡単にわかる。しかし、そのコツを実践に移すとなると、話は別だ！

私たちはよく、「心のままに行動しろ」という言葉を耳にする。ところがもし「心」が何もしたがらなかったら、どうすればよいのか。ビビッと来るまでずっと待っている、などということができるわけがない。

誰でも得手不得手があり、苦手なことには手を出しづらいものだ。たとえば、私は「好きなように食べ、運動をせずにいる」のが得意で、「規則正しい食事と運動」が苦手だ。こんな私が生活を改める「気になる」ために講じた方法は以下の通りだ。読者が何か苦手なことをやらねばならない時には、これらの方法を参考にしてほしい。

■「行動しなかった場合の結果」を思い描く

私を診てくれている心臓専門医、クランドール先生は、「規則正しい食事と運動を心がけないと、やるべきことはもちろん、大好きなこともできなくなる」ということを、絶えず私に思い出させてくれる。たとえば、こんなふうに。

「ジョン、自分の体をもっと気遣うようにすれば、まだまだ長生きできるし、もっとたくさんの人の手助けができますよ」

もし、ここで私が「正しい選択」、つまり「規則正しい生活」をしなければ、その報いを受けることになるだろう。そうならないためにも、「正しい行動を取らなかった場合の最悪の結果」を、常に心にとどめておくようにしている。

■いつでも「今日」に焦点を絞る

これから死ぬまで毎日、「やりたくもないこと」をやらねばならないとしたら、がっくりきてしまうだろう。だからこそ、私は「今日」に焦点を絞り、「その日一日の運動や正しい食事のことだけ」を考えるようにしている。

■「説明責任」を負う

自制心を持つために最も有益なのは、「説明責任」を負うことだ。私のかかりつけ医のローラ・バルダ先生は、毎月、私の体重を量り、健康状態をグラフにしてくれる。私のパーソナルトレーナーのジョセフィン・バンは、私がきちんとエクササイズをしたかどうか、毎週報告させる。

以前、私も人の助けを借りずに苦手を克服しようとしたことがあるが、結局失敗した。「説明責任」を果たすための誰かがいないと、私は苦手なことで成果を出すことができないのだ。自分以外の誰かに対する「説明責任」を負うというのは、やる気が出ない時に「やるべきこと」をするための仕組みとして、きっと役立つはずだ。

4　邪魔が入っても「集中力」を切らさない

先にもあげたブライアン・トレーシーは、

「成功する人は、ほとんどいつでも価値ある仕事に取り組んでいるものだ。成功できない人は、ほとんど四六時中、価値のない活動で時間を浪費している」

と言っている。ブライアンが言うところの「価値のない活動」に限らず、日常生活には「つい手を出したくなること」がたくさんある。

たとえば今月の私の目標は、この本を完成させることだ。ところが、この三日ほど集中できなくて困っている。というのも、次から次へと「やること」が舞い込んでくるからだ。スティーブン・R・コヴィーは、「やるべきことからやれ」と言っている。ブライアン・トレーシーはそれを「押し出しの法則」と呼ぶ。

「もし、『生産性の高い仕事』に全ての時間を費やしたとしたら、仕事の邪魔になる『非生産的な活動の時間』は一日の終わりには押し出されているだろう。反対に、『大して意味のない活動』に時間を費やしていると、『人生に変化をもたらすだろう仕事』をする時間は押し出されてしまう。こうした時間管理と自己管理のために欠かせないのが自制心である」(3)

胸に手を当てて考えてみるといい。「最近、何を自分の人生から押し出してしまったか」と。取るに足りないことや、楽なことにうつつを抜かし、「本当に大切なこと」をないがしろにしていないだろうか。もしそうなら、「本当に重要なことにエネルギーを費やしていない」ということだ。

毎日、自分にこの問いかけをして、集中力を高め、邪魔なものを減らしていくことだ。「大きな成果を生み出すこと」に集中していけば、「余計なこと」をする時間などなくなっていくはずだ。

5 「時間に対する意識」を高める

成功し、自制心がある人たちは、時間に対する意識が高い。彼らは、時間をどのように使えばいいかをよく知っていて、一分一秒の大切さを理解しているのだ。

ビジネスコーチで、多くの著書があるダン・S・ケネディは次のように述べている。

時間の大切さに気づいた人は、目標を達成するチャンスを手に入れ、実力を発揮するために、時間についての考え方が変化する。具体的には、時間そのものや、時間の価値の測り方、時間のコントロール法や他人に自分の時間を使われない方法についてなどだ。時間を有効活用するか、好き勝手に使うか、時間を投資するか、無駄使いするか、きちんと整理し制御するか、適当に垂れ流しにするか、といった時間に対する

新たな観点を手に入れることになるのだ。（4）

私は仕事仲間からよく「頭の中に時計があるようだ」と言われる。それはつまり、私が常に時間を意識し、限られた時間内で最大の成果を出すために何をしなければならないかを考えている、ということだ。

あなたの時間を最大限に活かしたいなら、次の二つのことを実践してもらいたい。

①前もってかける時間を設定する

仕事を完成させるのにかかる時間は、自分がその仕事に割り当てた時間によって決まるということに、気づいているだろうか。たとえば一つの記事を一週間で書き上げようと思えば、記事を書くのにちょうど一週間かかる。だが一日で書き上げることにすれば、一日で仕事は終わる。「二時間で書き上げなければならない」と思えば、きっちり二時間だけかかる。ミーティングをやる時も同じだ。だから、何をするにも、前もってどれだけの時間をかけるか、決めておかねばならない。

人と会う時も、私はいつもどれだけ時間を取れるか、その間に何をやりたいかを相手に伝えている。そうすることで相手も時間を意識し、何を優先させるかを考えるようになるので、やるべきことを時間内でこなせる。

こうした時間の使い方が習慣になれば、割り振った時間を自分でも驚くほど効率的に活用できるようになる。そうなれば、手早く仕事を片付けられるようになるし、会議であれ、次の仕事であれ、積極的かつ現実的な時間管理ができるようになるはずだ。

②対外的な締め切りを決める

人生の中でやるべきことのほとんどには、締め切りがない。そのため、大抵のことは明日、明後日と先延ばしにされ、ＴＯ ＤＯリストはなかなか短くならない。その対策として、「対外的な締め切り」を決めておくことが有効だ。目に見える締め切りがあることで、時間に対する意識が芽生えるからだ。

私は毎日、デスクの上に締め切りを書き出した紙を一枚広げ、常に目に入るようにしてある。締め切りがあると思うと、前に進まなければという気持ちになれるからだ。

時間設定と締め切りは、自制心にあふれた人にとっては友達のようなものだ。あなたも締め切りを有効に活用すること。自制心が養われ、時間を有効活用する能力が驚くほど向上すること請け合いだ。

6 つらくても最後まで集中してやり抜く

以前、私は「夢はタダだが、旅はそうではない」と書いた。人々が絶えず夢を追い求めるのは、夢には「代償」がないからだ。夢のために犠牲を払わねばならなくなると、その夢を諦める人は多い。「夢を実現するために、規律ある生活を継続する」気がないのだ。

だが、成功を手に入れるには、たとえつらくても最後までやり通さねばならない。

絶えず前進するには、自制心が必要だ。**問題にぶつかっても踏ん張って耐え忍ぶ――これこそが「勝者の資質」**である。

カリスマ・コーチのアンソニー・ロビンズは、こう言う。

「人生は、我々が一生懸命生きているかを、常にテストする。そして人生最大のご褒美は、目的達成まで弛《たゆ》まぬ努力を続けた人のためだけに確保されている」

最近、ある若手リーダーのグループに、「一度始めたことを最後までやり抜く方法を身につけるには、どうすればいいか」と訊ねられ、私はこう提案した。

「毎朝自分に向かって、『今日やらなければならないことをやり終えるまで、今日は終わらないぞ』と自分に言い聞かせるといい。その日にやると決めたことが終わるまで、その日の仕事を終わりにしてはならない。朝、自分でした約束を守るだけの敬意を自分に対して持つべきだ」

一日に使える時間は決まっている。今日からやれることが二つある。一つ目は、自分の自制心を高め、時間をとことん有効に使うことだ。二つ目は、誰かとパートナーシップを組むことだ（詳しくは17章を参照）。

自制心を高めるためにお金は必要ない。天才である必要もない。立派な家柄も必要ない。特別な才能も必要ない。必要なのは、ただ集中して、最後までやり抜くことだけだ。

14

心構え

逆境にあっても「前を向く」力

「生きる態度」や**「心構え」**というものは非常に重要だ。人間関係だけでなく、話すこと、書くこと、全てにその人の心構えの良し悪しが表われている。

もちろん「心構えが全てだ」と言うつもりはない。今までも、これからもそうだろう。「心構え」だけで能力の不足は補えないし、心構えが何かのスキルの代替になるわけでもない。「気持ちの持ち方」だけで夢をかなえることもできない。

ただ、**人生の方向性は心構えによって決まる。**条件が全く同じ二人がいたら、態度や心構えの良い人のほうがより大きな成功を収め、人生を満喫できるだろう。

態度や心構えを改めれば、自分自身はもちろん、周囲の人たちにも大きなプラスの変化をもたらすことができる。

心構えや態度は、年齢や環境に関係なく、柔軟に変えていくことができる。しかも、変えようと思えば、今すぐにでも変えられるのだ。

失敗した時、「心の声」とどんな対話をしているか

私は自分の心構えや態度について省みる必要に迫られた時は、自身の「心の声」に耳を傾けている。実を言えば、私は一日中、自分の態度や心構えについて「一人コーチング」をしているようなものだ。というのも、もしその場にふさわしい心構えや態度で臨まなければ、意欲も減退し、やる気が削《そ》がれてしまうからだ。

「成功する人」と「成功しない人」を分ける最大のポイントは、自分の失敗や課題、困難にどう対応し、それをどう説明するかである。

『積極性の力（*The Power of Positivity*）』の中でデイビス・ガットマンは、人は全く同じ状況に置かれても、それぞれに反応が異なる理由を、次のように説明している。

二人の学生が試験で全く同じ落第点を取ったとしよう。一人目の学生は、「僕はなんてダメ人間なんだ！　この科目でいい点を取ったことがない。何をやってもうまくいかない！」

と考える。二人目の学生は、

「このテストは難しかった！　まあ、いいや。他にテストはいくらでもあるし、僕は他の科目ではいい点を取っている」

と考える。この二人は心理学でいう二つの「説明スタイル」のそれぞれ典型的な例だ。説明スタイルを判断するには、説明者が最近経験したことを言い表わす時、どのような観点を持っているかを三つのポイントから見る。

たとえば、そうなったのは自分のせいか（内的）、それとも他の何か、あるいは誰かのせいか（外的）。必ず自分に起こることか（固定的）、それとも原因になったものを変えられるか（流動的）。自分の人生のあらゆる側面に影響を及ぼすものか、あるいは限定的なことか。

悲観主義者が問題に遭遇すると、それは「内的」なもので、「固定的」で変えることができず、他のことにも影響するとみなす傾向があるが、楽観主義者はその反対だ。

（1）

ガットマンが言わんとしているのは、何か困難なことに直面した時に、人はどのように自分の「心の声」と対話するか、つまり自分自身に対して、その困難な状況をどう説明するか、ということである。

悲観主義者は問題が起きると、「こんなことになったのは私のせいだ」と自分に言い聞かせる。問題そのものを自分では変えようがないとわかると、「私はいつもこうだ」と嘆く。そして、「私の人生は一から十までこの調子だ」と結論づける。

もし、こうした特徴が読者にも当てはまるなら、「心の声」との対話を通して、別の考え方に切り替えたほうがいい。何か問題が起きた時は、その問題の「根源」に目を向け、自分を責めるのをやめること。そして状況は自分の力で変えられるし、その問題は一度きりのことで、今後の自分の人生には何の影響も与えない、と言い聞かせるのだ。

「自己との対話」は、積極的な姿勢を維持するための最も大切なツールだ。物事がうまくいかなくなった時、私は自分にこう語りかける。

「思っていたのとは違うな。まあ、いいさ。気に入らないが、なんとか乗り切れる。負け越すことはあまりないし、誰だっていつかは負けるものだ。それよりも、今回の経験から学べることはないか探してみよう。今回のことで私は成長こそすれ、落ち込むことはない。どんな困難もいつかは過ぎ去っていくものだ」

私の場合、こうした自己との対話は、せいぜい一日あれば終わる。この一日で、私はネガティブな思考に片をつけ、それ以上振り回されることのないよう、過去のことだと割り切る。

それから、この苦い経験から学んだことを整理し、成長するためにやるべきことを実践する。自分の行ないによって発生した問題を解決するには、実際に行動を起こさねばならないからだ。

いつでも「積極的な姿勢」を忘れないために

それはそれとして、いつも積極的な姿勢でいるための基本がいくつかある。少なくとも次の三つのことを心がけていれば、困難にぶつかってもすぐに立ち直ることができるだろう。

1　謙虚になる

いつも謙虚でいると、困難に直面した時に前向きに対応しやすくなる。

ある人に言われた言葉で、とても気に入っている謙虚さについてのアドバイスがある。

「全員が偉大なことを成し遂げられるわけではない。でも、小さなことを、愛情をこめてやることはできる」

妻と私はノースカロライナの山に別荘を持っている。私の別荘にウッドデッキを造るため、友人のロニーがここしばらく家に通ってきていた。ある日、「そのうち地元のロータリークラブで講演してもらえないものだろうか」と遠慮がちに頼んできた。いかにも申し訳なさそうな頼み方だった。というのも、クラブは小規模で講演料が払えないというのだ。

私がいつも大観衆を前に講演をして、「大金」を手にしていることを知っていたので、恐縮していたのだろう。彼は、ほぼ諦めたような口調だったが、私は「いいですとも。喜んでロータリークラブでお話ししますよ」と言った。思いがけぬ返事に戸惑ったのか、ここは断ってしかるべきところだと、彼は一生懸命、私に説明してくれたが、私は本当に話をしたいのだと彼に納得させ、ようやく講演会が実現した。

私の決断は正しかった。会場に着くと、会員が並んで、紙皿に食べ物を取っていた。全員が席に着くと、私は各テーブルを回って挨拶《あいさつ》し、その小さなコミュニティや、そこにいる人たちに対する理解を深めた。ロータリークラブから奨学金を受けることになっている高校生二人とその両親とも言葉を交わした。

その後の私の講演は、すこぶる好評だった。会の最後に、ロータリークラブの支部長から感謝の印としてステッキが送られた。

そのステッキは、今も玄関口に置いてある。それを見るたびに、私は講演活動を始めたばかりの頃を思い出す。少人数の持ち寄りパーティ形式で、紙皿を手に、親しみをこめて握手してくれる素朴な人々。そんな若かりし日々が私の原点であり、今の私があるのもそういう経験のおかげだ。この経験は、どのような肩書きや地位があろうとも、私はただ人々を助けられる自分でありたいと願う「ジョン」という一人の人間にすぎないのだということを思い出させてくれる。

2 「学ぶ姿勢」を持つ

私は南アフリカ共和国の指導者だったネルソン・マンデラに心酔している。彼の生き方とリーダーシップは素晴らしい。二十七年に及ぶ獄中生活を語る時、彼はいつもこう言っていた。

「人生の最高の日々を失うのは悲劇だったが、学んだことも多かった」

なんという素晴らしい考え方だろう。

あらゆる経験、出会った全ての人から学ぼうという姿勢は、実に有益なものだ。

まだ若き指導者だった頃、私にはそういう精神が足りなかった。内面を向上させることよりも、見た目の良さにこだわっていた。人から教わるより、人に教えるほうが好きで、学ぶ姿勢がなっていなかった。

その頃にカイル・ローテ・ジュニア（訳注　一九七〇年代に活躍したアメリカを代表するサッカー選手）のこの言葉を読んでおくべきだったと思う。

「勝者になるには、実に様々な手段があることに全く疑念の余地はない。しかし敗者になるには、手段は一つしかない。それは失敗して、その失敗の先に何があるかを見ようとしないことだ」

当時の私は「完璧に見られたい」と思うあまり、失敗を取り繕《つくろ》おうとするばかりで失敗と向き合おうとせず、失敗から学べたはずのことを学ばずにきてしまった。『旧約聖書』の「コヘレトの言葉」には、「順境の日には楽しみ、逆境の日には考えよ」（2）という一節がある。つまり**トラブルに見舞われた時は、「学ぶ姿勢を持て」**ということだ。

若かった頃や当時の仕事ぶりを振り返り、失敗の数々をあれこれ思い返してみて、私は次のような結論に至った。

・完璧を目指すあまり、十分に失敗を積まなかった

・完璧に見られたいあまり、自分の失敗を失敗と認めなかった

今の私は全く違う。「失敗からも学ぶこと」を心がけたおかげで、著しく成長した。今も成長は続いている。全ての人、全ての出来事から学ぶ――それが「学びの精神」だ。

自分の失敗、逆境、そして自分に手を差しのべてくれる人、あるいは自分と敵対する人から学ぶ際、どのような態度で向き合っているだろうか。いつでも学ぶ準備はできているだろうか。学ぶ姿勢は、「積極性」を育ててくれるものだ。

3 ネガティブな感情を引きずるな

積極的な姿勢を保つには、**ネガティブな感情からすばやく立ち直る**必要がある。

過去の怒りにとらわれている間は、前進することも、やりたいことを始めることもできない。感情の重荷をいつまでも背負っているのはやめたほうがいい。こちらがぐずぐずと恨みを抱き、心の傷を癒やしている間、相手はそんなことは気にもとめていないだろう。自分の幸せや成功のカギを握っているのは別の誰か、あるいは何かだと思っている間は、あなたは幸せにもなれず、成功もできない。

そのためにも、まずは他者から拒絶されることから立ち直る術を身につけなければならない。

全ての作家は拒絶された経験があるはずだ。私も例外ではない。ある出版社からは、原稿がただ送り返されてきて「書き直せ」とだけ言われたこともあった。

出版業界の人ならわかるだろうが、原稿とは作家と出版社の間でピンポンのようにやりとりしながら、最高のものに仕上げていくものだ。作家が原稿を送ると、出版社からそれについての質問が来る。その質問に答えると、今度は変更の依頼が来る。変更して再度送ると、整理された原稿が届く。これを両者が納得するまで延々と繰り返すのだ。

これまで出版社からは何百回も拒絶され、変更と訂正を繰り返してきたが、いまだに慣れるということがない。挫折《ざせつ》したり、反対されたりするのが好きだという人がいるが、おかしな話だ。私はみんなから認められ、拍手喝采《かっさい》され、スタンディング・オベーションで迎えられるのが好きだ。しかし、常にそううまくいくとは限らない。

いつまで経っても拒絶に慣れることはないが、うまく切り抜けられるようにはなった。どうやって？「練習あるのみ」だ。

ノースカロライナ大学のバスケットボールチームの名監督ディーン・スミスは、挫折について素晴らしい考え方を持っていた。曰く、

「全試合を生きるか死ぬかの問題だと思っていたら大変なことになる。一つ確かなのは、何度も死ぬことになるということだ」

「回復力のある人」は、ものの見方が前向きだ。これまで問題を克服し、障害を乗り越え、生き残ってきたように、今回の困難も一時的なものだと考える。「回復力のある人」は、嫌な経験をしてもそれに気を取られるのではなく、その経験から学ぶべきことに集中できるのだ。

有名な大学アメリカンフットボールコーチのジョニー・メジャーズは、「大学アメフトの試合の八〇%は第四クオーターで勝負が決まる」と言っている。だとすれば、五試合のうち四試合の勝負は、最後の十五分間に集約されるというわけだ。では、それまでどうやって持ちこたえればいいのか。

カギを握るのは回復力だ。回復力があれば勝つチャンスが生まれる。

「勝負はスタート時点で半分は決まる」といわれることもあるが、私はそうは思わない。試合が始まって一分でブザーが鳴って、選手たちがさっさと整列してトロフィーを受け取るような場面など、見たことがない。スタートするだけなら誰でもできる。しかし、全員が最後までやり抜けるとは限らないのだ。

「何が自分を元気にするか」を常に問いかける

困難な状況でも前向きに生きる人たちがいる。

「パラグアイ埋立地フィルハーモニー」とも呼ばれている「リサイクル・オーケストラ・オブ・カテウラ」をご存じだろうか。私が初めて彼らを見たのは、フィンランドのヘルシンキだった。私の講演の前に、彼らがステージで演奏を披露したのだ。

団員のほとんどは子供で、彼らの演奏する楽器は、パラグアイの首都アスンシオンのゴミからつくられている。貧しい生活を送る子供たちによって奏でられる美しい音楽に、聴衆は魅了された。

彼らとの思い出は、いつまでも私の頭から消えることがなかった。そして数カ月後、私はパラグアイへと旅立ち、ゴミ集積場の近くにある小さな音楽学校を訪れた。オーケストラの創設者であるファビオ・チャベスと話をし、収集したゴミから楽器をつくった人にも会った。そして音楽学校で学んだことで生活が好転したという家族からも話を聞いた。

ファビオは人助けのために学校を開いた。彼はプロのミュージシャンではなく、「ギターも弾ける環境エンジニア」だった。この学校について彼は言う。

「ここは少しだけ音楽を習った経験のある人が、ほとんど経験のない人に教え、みんなで助け合うところです。社会が投げてよこしたゴミの代わりに、私たちは美しい音楽を世界に返すのです」

彼らの生き方自体が、世界に向けた素晴らしいメッセージになっている。

大抵の人は、無一物の人間にできることは何もないと言うだろう。ファビオと子供たちは、それが真実ではないことを証明してみせた。その小さなオーケストラのメンバーは貧しい暮らしをしているのに、人生に積極的に向き合っている。彼らが演奏している時の表情を見ていて、私はアメリカの市民権運動の指導者で、哲学者でもあったハワード・サーマンの言葉を思い出した。

「世の中が何を必要としているかではなく、何があなたを元気にするかを自らに問いかけ

よ。なぜなら、世の中が必要としているのは生き生きとした人間だからだ」

この子供たちのように前向きに人生を歩めば、逆境を克服できる。そして逆境を克服する力があれば、多くの人の価値を高めることができるのだ。

どういう心構えを持ち、どういう態度を取るか、それは本人の選択次第だと気づいたのは、もう何年も前のことだ。それ以来、心構えや態度が改善される可能性がある人にだけ私は力を貸すようになった。心構えや態度の悪い人を見ても残念だとは思わなくなったし、自ら変わる気のない人とは関わらないようにしている。

もし環境が改善したことによって心構えが変わったのなら、あなたの心構えそのものは何も変わっていない。ただ状況が変わっただけだ。

では、あなた自身の心構えが改善したかどうかを知るには、どうすればいいのだろうか。判断するのは簡単だ。仮に何か問題が起こったとしてもずっと前向きな態度でいられたなら、心構えが良くなった証拠だ。

そうなった時、あなたはどんな嵐も乗り越え、さらに成長することができるだろう。

15 「安全圏」から踏み出せ

リスクを取る

「能力の限界を打ち破る」ということを論じる本を書きながら、「リスク」に触れずに済ませることはできない。

詩人のT・S・エリオットは**「危険を冒して遠くを目指す者だけが、自分がどこまで行けるか知ることができる」**と言っている。あなたは「限界に挑戦する心構え」ができているだろうか。

誰もが「生まれながらの冒険家」ではない。しかし実は、私はリスクを省みず、限界に挑戦することが嫌いではない。「新天地」に足を踏み入れるのは好きだ。今、私は「リスクが最も高い状況」に身を置いている。周りからは「正気の沙汰ではない」と言われるほどだ。

私が今直面している「リスク」についてお話ししよう。

私の非営利団体ＥＱＵＩＰは、世界各国で五百万人ものリーダーを育成してきた。これまでの活動によって、我々は「活動国を百九十六カ国に広げる」という素晴らしい業績を上げることができた。

だが、それで満足してよいものだろうか。今、世界中にいるＥＱＵＩＰの訓練を受けたリーダーたちを、さらに、自国に変化をもたらすような人物に育て上げることこそ、私が挑戦すべきことなのではないか。

国そのものを変革することができるようなリーダーを育成するのは、非常に難しいことで、成功の見込みもあまりない。

だが、私はこの計画を実行することを決めた。それはチームのスタッフたちが賛同してくれたおかげでもあるが、何より、**何の変化ももたらさない些細なことを無難にこなすよりも、何か大きなことに挑戦して力及ばずで終わるほうがまし**だと思っているからだ。

私たちは、この大掛かりなミッションに向けて動き出している。何かを成し遂げるか、奮闘むなしく玉砕するかは、まだ誰にもわからない。

リスクを取って「遠くを目指す」時に知っておくべきこと

今、あなたはリスクを取り、何かに挑戦している最中《さなか》にあるのかもしれない。あるいは、リスクの大きいプロジェクトに着手するところかもしれない。大きな意義のあることをしたいと思っているが、何か大きな危険が迫っているように感じているかもしれない。こうした状況は私もくぐり抜けてきたので、その不安はよくわかる。

もしくは、読者の中には、生まれてこのかた、冒険を避けてきたために臆病になり、十分に能力を発揮してこなかった人もいるかもしれない。

読者がどのような状況にあるにせよ、この章は**「リスク」について適切な判断をするの**に役に立つだろう。リスクを取って行動する時、知っておくべきことがいくつかある。

1 「現状」をしっかり客観視せよ

ビジネス書を多く出しているマックス・デプリーは、リーダーの果たすべき役割の第一は、**現状を客観的に見ること**だと述べている。これはリスクを取ることを考えている時には大切なことだ。

大きなリスクを取ろうとする時、一時の盛り上がりや希望的観測に頼ってはいけない。そんなものはリスクの前では何の意味も持たない。常に**「最悪のシナリオ」を想定し、現状を正確に把握**する必要がある。

これが、先ほど説明した「国そのものを変革させることができるリーダーの育成」に着手しようと決意した後で、最初に私がしたことだ。

この事業に関心を持って集まってくれた人たちに対して、「この目標にどれぐらいの現実性があるかを明確に示す」という最大の責任を私は果たす必要があった。

成功の可能性が低いことは全員に伝えてあった。きっと払うべき代償は大きく、予定通りにはいかないだろうし、目標達成は誰も想像しないほど困難を極めるに違いないと、私は思っていた。それでもとにかく前に進むことになった。

恐らく、私は他の誰よりも「リスクを取ること」に対する免疫がある。なぜなら、私は心臓発作で死にかけた経験があるからだ。命を失いかけた時ほど、命をリアルに感じることはない。

スティーブ・ジョブズは言った。

『自分には失うものがある』という罠に陥らないための最善の方法は、『人間はいつか死ぬ』ということを思い出すことだ。あなたはいつも裸なのだから、やりたいことをやればいい」

いつ自分に死が訪れるかは誰にもわからない。私たちの命は永遠ではない。つまり、「なるべき自分」になり、持てる力を最大限に発揮するための時間は限られている。それがどれぐらいの長さなのかは、わからない。

だからこそ、自分自身と愛する人たちのために、「偽りのない人生」を生きるべきだ。私たちがこの世に自信を持って残すことのできる遺産は、それだけだ。

では、リスクの高さを判断する時、現実とどのように向き合えばいいのか。それを知るには、考えるべきポイントがいくつかある。

・他にもそれをやった人がいるか
・どれぐらい大変か
・どれぐらい良くなるか
・どれぐらいの規模・数量でできるか

・しくじる可能性はあるか
・過去は「イエス」と答えているか
・やり遂げるだけの勢いはあるか
・自分自身を信じているか
・自分のチームを信じているか

これらのポイントを、できるだけ多く自分に問いかけるとよい。それに答えることで、リスクをより正確に測ることができ、そのリスクを取ることが賢いことか、馬鹿げたことかの判断がしやすくなる。

2 「恐怖心」を手なずけろ

リスクには不安がつきものだ。しかし大きな賭けに出る時は、「安全圏の外」に出なければならない。そして、その挑戦がやる価値のあるものであればあるほど、「初めての時」は死ぬほど怖くなる。

私の例を挙げれば、初めての講演の時などは、想像を超える恐怖を味わった。初めての理事会はガチガチだった。初めて結婚式を取り仕切った時は、それこそ気絶寸前だった！初めての時は、いつもうまくいかない。それは、恐怖心に駆られているからだろう。何度も恐怖と不安に苛まれた挙句、私はようやく恐怖をコントロールできるようになった。恐怖心がなくなるわけではないが、なんとか思いきって実行する程度にはこらえることができる。その方法は、以下の通りだ。

- 「私は意義のあることにトライするだけの資格のある人間である」と自己認識する
- どう感じるかは無視して、「正しい行動」を取る
- 自分の感情を明らかにするために行動する

感情に流されることなく、勇気を出して正しいことを実行すれば、意志の力で恐怖を克服できるだろう。今は、私も恐怖を感じることは全くないとは言わないが、少なくとも恐怖で自分を見失うことはなくなった。

前にもあげたベストセラー作家・脚本家のスティーヴン・プレスフィールドはこう言っている。

「アマチュアは、最初に恐怖心を克服しなければならないと考える。そうすれば大きな仕

事をやり遂げることができる、と。プロフェッショナルは、恐怖心を克服するのは不可能だと知っている」

どうせ克服できないのなら、「恐怖との向き合い方」を身につける必要がある。それは「安全圏の外に出る」ということだ。

リスクを目の前にしてさらに一歩前進するには、自分の感情と迷いに向き合う必要がある。チームの前では常に「正しい行動の手本」にならなければならない私は、ハイリスクの状況で不安を感じていても、余裕のある顔をしていなければならない。そのためには次の行動が効果的だ。

■鏡を見ない

最初は自分から気を逸《そ》らすことから始める。「自分が他人の目にどう映るか」を気にしている場合ではない。

しかし、それは私にとっては難しいことだった。講演をしていると、どうしても人からどう見られているかが気になる。「もっと知的に見えるように」と眼鏡をかけてみたこともあったが、伊達眼鏡は私には恐ろしいほど似合わなかった。

野球の殿堂入りを果たしたルー・ブロックは、

「見た目ばかり気にしている奴を連れてきてみろ。そういう奴が相手なら、いつだってこっちは勝てるんだ！」

と言っていた。格好ばかり気にしていては、勝てる勝負も勝てなくなる。

■「失敗の数」を数えるな。「学びの数」を数えろ

私は生まれつき負けず嫌いで、とにかく勝ちの数を増やすことに必死だった。

今は違う。負けを嫌がるのではなく、負けから学ぶようにしている。「なぜ負けたか、何を学んだか」と、自問自答する。勝ちよりも負けから学ぶことのほうが多いものだ。「学びが得られる」とわかれば、負けるのも悪くないと思えるようになり、リスクもそれほど怖いものではなくなる。

■恐怖よりも夢に目を向ける

私のヒーローはクリスタル大聖堂聖職者会議の創設者、ロバート・シュラーだ。彼の著書『いかにして自分の夢を実現するか』（三笠書房）には、「再び夢を見始める時、人は『外』から『中』へと戻ってくる」（1）とある。言い換えれば、自分の夢に目を向けると、心は前へと歩み始めるということだ。

3 「挑戦できる環境」を整える

「リーダーシップ次第で、物事は良くも悪くもなる」

これは私が今までに最もよく見聞きしてきたフレーズだ。そして、リスクに直面している時ほど、この言葉が当てはまる時はない。困難を乗り越えるには、優れたリーダーシップが必要なのだ。そのためには自分自身が良いリーダーになるか、誰か手伝ってくれるパートナーを見つけるか、どちらかだ。

また、何か大規模なことをやる場合には、リーダーの数も増やさねばならない。どんなに立派な試みも、優れたリーダーシップがなければ立ち消えになってしまうものだ。

もちろん大きなリスクを乗り切るためには、自身の持つリーダーシップスキルを総動員する必要がある。リーダーとして成長し続ければ、大きなリスクに対処する能力も高まっていくだろう。

すでにリーダーの立場にある人は、メンバーが恐怖心に打ち勝って、安全圏から歩み出すことができる環境を提供する必要がある。スイスのローザンヌにあるＩＭＤビジネススクールのダン・デニソンは、

「未知のものに挑む時には、保険をかけておくことが必要だ。安全だとわかっていれば、思いきって挑戦できる。そのような安心感を醸成することがリーダーの仕事である」と述べている。

4 「人の意見」より「ビジョン」を重視せよ

リスクのある取り組みが成功した時のことを夢想するのは楽しい。だが「助けて！」と声の限りに叫ばなければならなくなるのが現実だ。リスクが大きければ大きいほど、リスクにふさわしい助けが必要になる。

まだ新米だった頃、私は何でもかんでも自分でやらないと気が済まなかった。リーダーとしての経験を積むにつれ、私はいろいろな人材をチームに採用するようになり、手当たり次第に人を増やしていった。

私はリスクを取ることよりも人気取りに必死だった。私が恐れていたのは失敗ではなく、他人にどう思われるかだったのだ。誰からも好かれるためには、失敗して格好悪いところを見られては大変なので、リスクを避けていた。

友人の言葉がきっかけで、私はこの問題を解決するための一歩を踏み出すことができた。

「他人がどう思うか心配するのは、もうやめたほうがいい。誰も君のことなんか見ていないんだから！」

この言葉をきっかけに、私は自意識の中から脱し、**「人の意見」よりも「ビジョン」を重視**するようにした。このような変化を経て、私は大きく進歩し、リスクを取り、目標を達成する力が向上した。さらに「人を見る目」も肥えてきた。

大きな変化も、最初は少数の人間から始まるものだ。それが「正しい人たち」なら、動きは大きくなる。では、正しい人たちとはどういう人のことだろう。私が考えた「正しい人たち」の条件とは、次のようなものだ。

■挑戦する人

勝ち組は難しい課題に取り組もうとし、負け組は尻込みするものだ。

何か大きなビジョンが形成されると、人がまとまることもあれば、離れていくこともある。能力が高く、挑戦するのが好きな人は、その大きなビジョンの下に集まってくるし、器の小さい人は離れていくだろう。ビジョンの大きさと、そのビジョンに惹《ひ》かれて集まる人の器の大きさは比例する。

■大胆に行動する人

ネルソン・マンデラは言う。

「無難な生き方――自分にできることしかせず、現状に甘んじる生き方に注ぐ情熱はない」

大胆な行動は危険を招くと考える人も、もちろんいるだろうが、それよりも危険なことがあるのを知っているだろうか。

それは絶対にリスクを冒さずにいることだ。何もしなければ、危険なことはないが、素晴らしいことも何も起こらない。

以前、私は一編の詩と出会った。それはリスクを冒すことなく、当たり障りのない人生を送る人のことをうたった詩だ。

昔、決してリスクを冒さない男がいた。
男は決して努力しなかった。
決して笑わなかった。
決して泣かなかった。
そんなある日、男はこの世を去った。

彼の生命保険金は下りなかった。
それは男が本当の意味で生きていなかったから、
本当の意味で死んでいないからだった！

なんという悲しい話だろう。

リスクを取り大胆に行動する人は、この男とは全く違う人生を送るだろう。成功すれば、さらに困難なことに挑戦しようとする。影響力の大きい人物に唯一共通している特徴は、いつでもリスクを取る用意があることだ。

共に大きなリスクに挑む仲間を募《つの》る時は、たとえ困難な道とわかっていても、新しい道を進むことを厭わない人を探すべきである。

■自分に正直な人

大きなリスクを冒し、困難なことを成し遂げるには、自分自身をよく知り、自分自身に正直な人とチームを組むといい。人と協力し合う時には、「自分にできることは何で、相手とどういう利害関係があるか」を知っておく必要がある。リーダーは、メンバーがそうした分析を自分でできるよう指導しなければならない。

先日、大勢のコーチを前に話す機会があった。私は自分を見つめ直し、自分の立ち位置を認識することができるよう、「えせリーダー」と「人を動かすリーダー」の違いについて話をした。

両者の違いとは次のようなものだ。

えせリーダーは、「どれぐらいかかりそうか」と訊く。
人を動かすリーダーは、「どこまでやれそうか」と訊く。
えせリーダーは、素晴らしいことが簡単に、しかもすぐ実現すると考える。
人を動かすリーダーは、価値あることは全て苦労の末に手に入ると考える。
えせリーダーは、感情にまかせてリードし、感情にコントロールされる。
人を動かすリーダーは、人柄によってリードし、人柄によって成長する。
えせリーダーは、見た目はいいが、器は小さい。
人を動かすリーダーは、器が大きいが、見た目はそれほどでもない。

その場にいたコーチの多くは大きなことを成し遂げたいと考えていたので、人を動かすリーダーのビジョンに共感し、講演の最後には全員立ち上がって拍手喝采した。彼らはいつでもリーダーになれるだろう！　だから、私は彼らのことが大好きなのだ。

どんな偉大な試みも、最初は人の心の中で動き始める。まず内面を旅してから、外面の旅が始まるのだ。

たとえあなたに仲間がいなくても、リーダーの立場になくても、何かのグループを率いていなくても、リスクに挑む時は必ず助けが必要になる。自分と同じような志を持った人の助けを借りながら一緒に課題に取り組むこと。そうすることでリスクを取る力は格段に高まるだろう。

5　勇気を持って逆境に立ち向かえ

フランス生まれの作家アナイス・ニンは、

「人生はその人の勇気の大きさに比例して縮んだり、広がったりする」

と言った。

自分の能力、ひいては人生を広げていきたいなら、勇気を持って大きなリスクに挑まねばならない。一人になっても諦めないでほしい。他の人がやらないことも、勇気を奮ってやり遂げることだ。それは、ただ単に「危険で大胆なことをすること」だけが目的ではない。必ずそこから「得るもの」があるからだ。

賢くリスクを取ると、自身の可能性が広がるだけでなく、あなたが成し遂げたことを見た人が、共にその課題に取り組みたいと思うようになる。

勇気ある行動を取る人に、人はついていきたくなるものだ。

一人で逆境に立ち向かっていく人を、人々は尊敬し、信頼する。やがて人々は、その人のもとに集まってくるだろう。

リスクを取ってでも生きていく覚悟のない人は、人生の時間の多くを失っている。リスクを取ることは人生の大切な一部である。出版社の重役を務めるウォルター・アンダーソンは、こう断言する。

「人生は、一か八かの賭けをしなければ改善しない」

あなたはリスクを取るための準備ができているだろうか。大きなことに挑み、失敗してしまったとしても、それを受け入れられるだろうか。失敗を数える代わりに、失敗から学んだ教訓を数えることができるだろうか。自分の安全圏の外側でも平気でいられるだろうか。

大きなリスクを取る気がないなら、大きな成果を上げることもできない。自分自身の限界を突破し、より大きな成功を収めるためにも、リスクを取るために、今日、どのような選択ができるのかを考えてみてほしい。

16 どこまで遠くへ行けるか

成長への意志

私はこれまで、「人を成長させること」に情熱を注いできた。このことについては、これまでにもかなり詳しく書いてきたので、本書では今までとは少し違ったアプローチをしようと思っている。

しかしその前に、人を成長させるために知っておいてほしいことをお話ししておこう。

私が影響を受けたのは、キャロル・ドゥエックの『マインドセット「やればできる!」の研究』(草思社)という本だ。この本には、まさに私が今まで体験してきたことが書いてあった。

ドゥエックによると、人間は生まれつき、二つあるマインドセット(思考タイプ)のうちのどちらか一つを持っているという。その二つとは、**「固定型マインドセット」**と**「成長型マインドセット」**である。

固定型マインドセットを持つ人は、「個人の資質、すなわち知性、性格、創造性、社交性等々は変えられない」「どんな人生を歩むかは基本的にあらかじめ決められている」と考える。一方、成長型マインドセットの持ち主は、「個人の資質は改善できる」と考える。

固定型マインドセットの持ち主は、絶えず自らの価値を周囲に示そうとするという。

私は自分自身をなんとか定型にはめ込もうとする人たちを数多く見てきた。彼らは教室でも、会社でも、そして人間関係でも、どんな状況でも自分の知性、人格、性格を確認せずにはいられないのだ。そして、あらゆる場面を評価せずにはいられない。私は成功するのか、失敗するのか。私は頭が良さそうに見えるか、悪そうに見えるか。私は受け入れられるか、拒絶されるか。私は勝ち組か、負け組か。（1）

それに対して、成長型マインドセットの持ち主は、探究心旺盛で、常に進歩しようとする。

成長型マインドセットの持ち主は、「個人の資質は努力によって発達する」と考える。人は持って生まれた才能、適性、興味の対象、気性など、様々な面で異なっている。しかし、その才能や適性、経験をどのように活かすかで、いかようにも人生を変えていけるし、成長することもできる。

もちろん、適切な教育さえ受けられれば、アインシュタインにでも、ベートーベンにでもなれるわけではない。そうではなく、人間の本当の能力はわからない（不可知である）、つまり情熱と苦労と訓練を何年も積み重ねれば、どこまで達成できるか、予測するのは不可能だと思っているのだ。（2）

言い換えれば、**人の能力に限界はない**ということだ。才能をどこまで伸ばせるかは、当人の努力と熱意次第である。

ドゥエックの研究によれば、人間は二つのタイプのどちらかに入ることになる。だが、固定型マインドセットの持ち主でも、成長型マインドセットの人の考え方と習慣を身につければ、成長できるはずだと私は思う。ドゥエックも「我々には選択権がある」と言っている。

特定のマインドセットを身につければ、新たな世界が開ける。一方の世界——資質は固定され変化しない世界——では、あなたがどれだけ賢く、才能に恵まれているかを証明することが成功に繋がる。もう一方の世界——資質が変化する世界——では、新しいことを学ぶために全力を注ぐこと、すなわち自らを成長させることが成功に繋がる。

前者の世界では、失敗はすなわち挫折である。悪い点を取ること、試合に負けること、クビになること、拒絶されること。これらの出来事は、あなたは賢くないし、才能もないことを意味する。後者の世界では、失敗とは「成長しないこと」である。自分が大切だと思うものを手に入れようとしないこと、潜在能力を十分に発揮しないことこそが失敗なのである。

また、前者の世界では、努力は歓迎されない。失敗と同様、努力をしなければならないとは、あなたが賢くなく、才能にも恵まれていないことを意味するからだ。そういう世界では努力をしても無駄である。後者の世界では、努力によってあなたは賢くなり、才能を花開かせることができる。(3)

あなたが住みたいのは、どちらの世界だろう。住む世界は自分で変えることができるのだ。

人格形成期に私の周りにいたのは、ドゥエックの言うところの固定型マインドセットの人ばかりだった。私はその世界になじめなかった。私が探していたのは、成長型マインドセットの持ち主が集まる、「成長できる環境」だった。

本章では、「成長できる環境」とはどのようなものかを、読者に伝えたい。成長型マインドセットの持ち主は、そうした環境に身を置くことで、能力をさらに伸ばしていけるだろう。

そして、リーダーの立場にある人は「成長できる環境」を組織内につくり上げることで、チームメンバーの飛躍的な成長を促すことができるはずだ。

自分もチームも「成長していく環境」の特徴

リーダーとしての様々な経験を通じて、「成長できる環境」には十の特徴があることがわかった。

1　自分の上を行く人がいる

もしあなたがクラスや組織の中で一番だとしたら、それはあまり良いことではない。成長するには、自分よりも優秀な人が身近にいて、その人から学ぶ機会に恵まれるのが一番だからだ。

私は生涯を通じて、どのような環境に身を置いても、まずは私よりも優秀で、年上の人を探し、その人から学ぼうと心がけてきた。「自分より前を進んでいる人」がいたほうが、自分の可能性を伸ばしやすい。

私は人とコミュニケーションを取るのが好きだが、教えるよりも学ぶほうが好きだ。私より優れた能力を持つ人について、自分のレベルを引き上げたいと思っている。だが、前を行く優秀な人物にいつまで経っても並ぶことができず、背中しか見えないとしても、思い悩んだりはしない。比べてもやる気をなくすだけだ。

それよりも、その人の**サクセスストーリーから勇気をもらう**ほうがいいだろう。自分もその人と同じぐらい大きな成果を上げられるはずだと信じるのだ。そのためには、その人が歩んできた道をたどっていけばいい。

今、自分がいる場所に、あなたの上を行く人がいるだろうか。もしいなければ、そういう人物を見つける必要がある。

2 絶えず挑戦することを求められる

人生で最も大切なことを成し遂げるには、時間と努力が必要だ。目標に向けて努力する過程では、様々な発見をすることだろう。新しい知見が増えることは、人生という旅を続けるモチベーションになる。しかし、過去を振り返るのは、それなりの経験を積み、それまで知らなかったことを知ってからでも遅くはない。

私たちが目指すべきは「目標、目的そのもの」ではなく、それを目指す過程で成長し、「人生にゴールラインはない」ことを十分理解しつつ、そうした人生の旅路を楽しめるようになることだ。この心境に到達した時、私たちはもう「目標達成まで、一体どれだけかかるんだ」とは思わなくなるだろう。そして**「私はどこまで遠くに行けるだろう」**と考えるようになる。

アメリカ会計学の重鎮でハーバード・ビジネススクールの名誉教授ロバート・アンソニ

ーは言う。

「知識の泉の水を飲む人もいれば、口をゆすぐだけの人もいる」

読者一人ひとりの中に、どんな才能の鉱石が埋まっているか、私には知る由《よし》もないが、一つだけ明確なことは、「どんな人もその能力を伸ばすことができる」ということだ。

ジョニー・ワイズミュラー（訳注　アメリカの伝説的オリンピック代表選手。引退後、映画『ターザン』に主演し一世を風靡《ふうび》した）は、一時期、世界一の水泳選手といわれていた。五十以上の世界新記録を持ち、当時、学者もコーチも「彼の記録が破られることはない」と言っていた。だが、現在、彼の持っていた世界記録を十三歳の選手が次々と塗り替えている。挑戦の先には、まだ見ぬ世界が広がっているのだ。

3　前進することに集中する

環境が良ければ、前進することに集中できる。カリスマ・コーチのアンソニー・ロビンズは、**「気持ちを集中させたところにエネルギーが流れ込む」**と言っている。気が散ってしまう時は、その原因をできるだけ排除し、集中力を高めるしかない。**「面白そうなもの」に目をつぶり、「最高に面白いもの」だけに目を向けること。**

私は最も多忙な時期にも「前進すること」に集中しようと努めてきたが、忙しい時に限って、「面白そうな話」が次から次に舞い込んでくる。

そこで私は、誰にも投函するつもりもなかったが、次のような手紙を書いた。すると、気持ちを整理することができた。

ジョン・マクスウェルはあなたのお手紙に心から感謝しておりますが、残念ながら以下のようなご依頼をお受けすることはできません。サイン／プロジェクトの手伝い／写真の送付／自作原稿へのアドバイス／カウンセリング／講演／インタビュー／会議への出席／ラジオ出演／議長役／テレビ出演／監修／食後のスピーチ／プレゼンター／推薦状の執筆／名誉学位の受諾

老人は「昔は良かった」と言って、思い出を語りたがる。だが私に言わせてもらえれば、昔だってそんなに良かったわけではない。老人は昔のことをよく覚えていないから、昔のほうが良かったと思っているだけなのだ。私は過去を振り返りたいとは思わない。あなたも、ただ前を見すえて進んでいくべきだ。

4 「後押ししてくれる雰囲気」がある

社会人になった時、「人の価値を認め、信頼し、無条件に愛しなさい」と、父から言われた。「人の成長を後押しする環境」をつくりなさいと父は伝えたかったのだろう。**人は励まされた時に最高の結果を出す**からだ。それから、ずっと私はそれを実践している。

あなたは、自分らしくいられる環境で生き、働いているだろうか。周囲の人はあなたの成長を後押しし、能力を向上させるような選択をした時には拍手喝采してくれるだろうか。

もしそうなら、それがどれだけ心強いことか、わかるだろう。もしそうでないなら、足を引っ張り合うのではなく、お互いに切磋《せっさ》琢磨《たくま》できる場所を見つける必要がある。

5 「安全圏の外」に踏み出している

安全圏から一歩踏み出すことの重要性について、「リスクを取る」の章で詳述した。ここで付け加えておきたいのは、**安全圏内では成長できず、成長圏内では安穏としていられない**ということだ。

ジョン・マクスウェル・チームの代表を務めるポール・マルティネリは、「あなたが手に入れたいと思うものは、全て安全圏の外側にある」と言い切る。私もその通りだと思う。安全圏と成長の関係をまとめると、次のようになる。

・才能に恵まれず、安全圏外に放り出された人を待っているのは悲劇
・才能に溺《おぼ》れ、安全圏内で安閑《あんかん》としている人は惰性で生きるだけ
・才能に恵まれ、安全圏外に足を踏み出す人は、新しい自分を発見する

安全圏から脱出するためには、新しい経験をするのも一つの方法だ。

私はペルーでパラグライダー、コロラドでスノートレッキングを体験し、アイオワで選挙カーに乗り、子供向けの本を書き、オーケストラを指揮した。それだけではない。この後、さらに水上アクティビティのパドルボードをマスターし、家族と一緒にグアテマラの栄養失調の子供たちを助け、スカイダイビング（まさに安全圏外への脱出！）をやりたいと思っている。

私は挑戦もせず、生きているのか、死んでいるのかわからない状態でいるのは耐えられない。あなたはどうだろう。安全圏外へ一歩踏み出す準備はできているだろうか。

6　ワクワク感で目が覚める

私にとっての人生最大のミステリーは、世の中には退屈した人間が大勢いることだ。そういう人は、朝、目が覚めるとあくびをし、その後も一日中つまらなそうにあくびばかりしている。だが、私は毎朝、ワクワク感で目が覚める。その理由は次の通りだ。

■人のために何かしなければならない

人に手を貸すのは私にとっては最も大切なことだ。私が助けた人は喜んでくれるし、私も人の役に立つのはうれしい。

■「自分の得意なこと」ができる

私にも不得手なことがたくさんある。才能に恵まれた人には、いつも感服する。私は決して才能に恵まれているわけではなく、得意なことが二つ、三つあるだけだが、それらについては誰にも負けない自信がある。しかも、それをやっていると楽しい。何か得意なことがあり、それをずっとやり続けられるのは素晴らしいことだ。

■成長し続けている

私は今でも成長し、日々向上しているのを実感している。成長できるという状態がいつまで続くかは自分でもわからないが、今のところはそれを楽しんでいる。

■仲間と仕事をするのが楽しい

私には素晴らしいチームがある。もう二十年以上、一緒に働いているメンバーもいる。彼らは信頼できる友人であり、とても有能だ。彼らといると安心できるし、彼らは私を理解してくれている。後から参加したメンバーもエネルギッシュで、創造性に富み、本当に私に最高の経験をさせてくれた。

今これを書いているだけで笑顔になる。私はチームメンバーを愛している。

■変化を起こすのが私の天職

私のしていることは「天職」であって、「職業」ではない。「職業」は自分で変えることも、やめることもできるが、「天職」に選択の余地はない。それは「自分の人生を充実させるために与えられたチャンス」だ。

あなたは毎朝、ワクワクしながら目覚めているだろうか。毎日、私たちは成長のためのチャンスを最大限に活用するか、それともなかったことにするかを、選ぶことができる。自分はどういう選択をしているか、考えてみることだ。

7 「失敗すること」が奨励されている

「成長できる環境」の特徴に、失敗することが許されている——あるいは失敗することが奨励されている——ことが挙げられる。

あるリーダーシップについての会合で、「失敗への恐怖」よりも「挑戦への情熱」のほうが私にとっては大きいという話をしたところ、質疑応答で失敗についての質問が多く出た。その中で、「失敗は敵ではないということは、どういう時にわかるのですか」という質問があった。私の答えはこうだ。

■**「失敗から学んだことの価値」を理解した時。** 失敗は避けられないことだが、そこから何を学ぶかは選択できる。

■**失敗によって打たれ強くなる時。** 前出したエリック・グレイテンズは「立ち直る力」のことを、「方向性の定まった忍耐力」と呼んでいる。

■失敗を利用して、他の人を指導する時。自分の失敗を他の人と共有できるようになると、失敗することの恐怖から解放される。

私は自分の失敗とそこから得た知識を教えるのが好きだ。私は「第一人者」と思われるよりも、むしろ「駆け出しの頃の私の姿」を知ってほしいと思っている。なぜなら、人生の旅の終盤に差しかかり、経験も知識も十分に蓄えた私を見て、これから旅立とうとする人が自身と比べてやる気をなくすと困るからだ。昔の私を見れば、きっと勇気づけられることだろう。「あの少年にできたのなら、私にもできる」と思うに違いない。

8　周囲の人たちも成長している

著名な講演家、コンサルタントのジム・ローンは、

「自分の発達段階を上回る成果を上げることはできない。ゴールは勝ち取るものではなく、成長しながら到達するものだ」

と言う。うまい言い方だ。成長しながらゴールに到達するためには、周囲の人も成長しているような環境に身を置くといい。もし周囲の人に成長が見られないとしたら、それは

「成長できる環境」が整っていないということだ。

自分も成長し、周りの人も成長しているような環境が望ましい。リーダーとして、私にはそういう環境をつくる責任があるが、実現は容易ではない。長年の経験から、本人が成長したいと自ら思わなければ、他人がいくら手を貸しても効果は薄いことを学んだからだ。若い頃は、「人の成長を手助けするのは簡単だ」と思っていたが、全ての人が成長を望んでいるわけではないことも思い知らされた。

何度か苦い経験をした後、私は人に時間と労力を投資する前に、次の三つの質問を自分に投げかけるようになった。

・彼らは成長したいのか
・彼らに成長するつもりはあるのか
・彼らは成長できるのか

もしこれらの質問の答えがイエスでないなら、彼らのために時間と労力を浪費する理由はない。

ところで、私は自分でこれらの質問に答えているわけではない。これから私が手助けしようと思っている本人に直接、この三つの質問をしている。その答えを聞いてから、どうするかを判断しているのだ。

9 「新たな変化」に心が開かれている

友人で牧師のジェラルド・ブルックスは、**「成長の全ての段階で、それぞれ新たな変化が求められる」**と言う。まさにその通りだ。「変化すること」と「成長すること」はイコールではないが、**成長には、変化がつきもの**である。

若い頃、私は得意なことを見つけて、それを一生かけて究めていこうと考えていた。最初、それは牧師になることだと思った。しかし実際には、十種類以上の職種を経験している。

これまでに経験したのは、教会牧師、スピーカー、トレーナー、コンサルタント、作家、メンター、会社創設者、リーダー、起業家、そして理想の父親、と変化に富んでいる。どれも私に合った仕事だったが、自分の能力の使い方が変化し、成長した結果、仕事も変わっていった。「成長とは、明日が今日よりももっと良い日になることを保証する唯一のもの」なのだ。

あなたの前には、たくさんのチャンスの扉がある。次の段階に進むには、どれか扉を開けなければならない。

いざ足を踏み入れてみたら、思っていたのとは違う、と感じる扉も少なくない。そういう時には引き返して、扉を閉め、また別の扉を開けることもあるだろう。それはそれで構わない。それも変化の一部だ。この扉は有意義な場所に通じていないとわかったら、Uターンすればいい。私もこれまでに何度もUターンをしたり、一度開けた扉を閉めたりしてきた。

これまでの私の経験をもとに、「どういう時に扉を閉めるか」を判断するためのチェック項目を考えた。自分に問いかけてみて、答えに「イエス」が多ければ多いほど、引き返して、扉を閉めたほうがいいということだ。

1 この扉を開けた日と比べると、今はあまり期待が持てない。

2 扉の向こうには、成長するのに役立つような新鮮な驚きがない。

3 扉の向こうに価値あるものを何も見つけられず、やるべきことを全て実行することもできなかった。

4 この扉に時間を取られて、他の扉を開けそこない、チャンスも逃した。

5 もし今の自分が扉を開ける前に戻れたら、またこの扉を開けようとは思わない。

ところで、以上の質問に率直に答えているかどうか自信が持てない時のために、もう一つ質問を用意した。

6 あなたのことを一番理解してくれている人は、この五つの質問に対するあなたの答えに同意するだろうか。

これらの質問の答えを考える時には、次の四つのルールを頭に入れておいてほしい。

1 来た道を引き返すことを恐れてはいけない。それが正しい判断であれば、支持を失うことはなく、かえって足場を固められる。

2 扉を開けたら、その向こうで得た経験から何かを学ぶまで、扉を閉めてはいけない。

3 扉を閉めても諦めてはいけない。次の扉に進め。中途半端なままにせず、別の何かを見つけること。

4 同じ扉を開けたり閉めたりし続けているのなら、問題は「チャンスに恵まれないこと」ではなく、あなた自身にある。あなたのことをよく理解し、愛してくれている人に、あなたの人生について、正直な意見を聞かせてもらおう。

変化を受け入れるのは難しいが、成長するためには変化は不可欠である。未知の世界へ歩み出す時、チャンスの扉についての、私のこれらの洞察を役立ててほしい。

10 「良い手本」がいて成長が期待されている

「成長できる環境」には、「良い手本になる人がいること」と、「成長が期待されていること」の二つが不可欠だ。「手本になる人」は組織のトップの人で、その影響力が上から下まであまねく及ぶのが理想的だ。すると、立場や役職の上下にかかわらず、人は成長する。あなたが身を置く環境には「成長の手本になる」人がいて、「成長が期待されているかどうか」を確認するための質問が二つある。

1 この組織で私の能力を最大限に引き出してくれるのは誰か。
2 この組織で私が最大限に能力を引き出してあげたのは誰か。

あなたの能力を最大限に引き出してくれた人の名前を迷うことなく挙げることができるか、あるいは他の人たちがあなたを成長の手本と認めてくれるのであれば、あなたは「成長できる環境」に身を置いていることになる。

漫然と「流されて」生きるな

「成長すること」は人生において最優先課題であるべきであるにもかかわらず、最優先することを心がけて生きていける人はほとんどいない。

成長を意識していないとは、ナイアガラの滝のツアーに出かけているようなものだと私は思っている。人生の川の流れに身を投じ、タイヤチューブに乗って流れを下るような人は、自ら行動を起こすことはなく、自分がどこに流れ着くかも知らない。コースもスピードも「川の流れのまま」というわけだ。

つまり、「自分の価値観」に則って生きるのではなく、「周囲の環境に流されて」生きることになる。

川を流れ下っていると、遠くの滝の音に突然気づく。彼らはようやく自分の置かれた状況に気がつくが、時すでに遅し。もはや流れから逃れられず、真っ逆さまに滝壺《たきつぼ》へと転落する。それは精神的な転落かもしれないし、肉体的な転落かもしれないし、あるいは経済的な転落かもしれない。

「成長していく力」を向上させていけば、「人生の進む方向」を自分で決められる。それは自分の手で自動車を組み立て、公道に出て、自分の行きたい方向に向かって走り出すようなものだ。自動車は川下りとはまるで違う。前に進むも、引き返すも、曲がるも自由だ。速度も自分で決められる。

自動車を運転するように、自分の運命を積極的に切り開いていく道を選んでほしい。

17

協同する力
さらに「地平線を広げる」ために

ここまで、読者の能力を押し込めようとするふたを吹き飛ばすための「正しい選択」について話ししてきた。そして、その最後の選択となるのが「**パートナーシップ**」についてだ。これは、他の全ての「正しい選択」の効果を飛躍的に高める可能性を持った、非常に重要な選択でもある。

パートナーシップとはどういうものか、マザー・テレサが言ったとされる言葉を読めばわかる。

「あなたにできなくても、私ならできることがあり、私にできなくても、あなたならできることがある。一緒なら素晴らしいことができる」

つまり、他人と協力・協調していく道を選べるか、ということだ。

私は、個人的に壁にぶつかった時、初めて「人と力を合わせていくこと」の重要性を知った。仕事の効率は、全く上がらず、目標からはほど遠い状態で、私は限界を感じていた。私に残された道は一つ、誰かと協同関係を結ぶことだった。

その時、私は、偉大なるアンドリュー・カーネギーの言葉を思い出した。

「一人よりも、皆の助けを借りたほうがより良い仕事ができると悟った時、人は大きな一歩を踏み出すことになる」

それ以来、私は多くの人と様々な共同関係を結んできたが、その結果わかったことは、**仕事の効率を上げるには、他人と力を合わせねばならない**ということだ。

能力の〝相乗効果〟が未来をつくる

読者は他人との協力・協同関係からもたらされる効果を信じ、日々、発展させる努力をしているだろうか。もし、そうでないなら、次の方法を試してもらいたい。一人で一つの仕事をやり続け、「これ以上、量をこなすのも効率や質を上げるのも無理だ」と思ったら、何人かの適切な人材を選び、手伝ってもらうのだ。

きっと彼らは次々と仕事の質を高めてくれ、あなたは謙虚な気持ちになり、幸運にも恵まれるだろう。

今すぐ、優秀な人とパートナーシップを組めば、自らの能力を最大限に活かすことができる。

以下に、読者が積極的に誰かと協力関係を築き、多くの人と力を合わせているか確認するための質問を用意した。

・最後にあなたが自分を向上させるために人の手を借りたのはいつか
・最後にあなたが人の助けによって能力は向上するものだと実感したのはいつか
・最後にあなたが「自分以外の人の新鮮な視点が必要だ」と感じたのはいつか
・最後にあなたがアドバイスや意見を誰かに求めたのはいつか
・最後にあなたが誰かのおかげで自分を向上させることができたのはいつか
・最後にあなたが自分以外の人に助けられたと感じたのはいつか

誰かと力を合わせて事に当たれば、1＋1が3になる。

私は、今が人生で最高の時期だと思っている。なぜなら、多くの人の助けを得て、私の努力が何倍にも報われているからだ。私は人々のために最善を尽くすが、余りある恩恵を人々から受け取っている。私が受け取るもののほうが、私が与えているものよりも大きいと日々感じているくらいだ。それほど、協力し合うことの意義は大きい。

「最高の協同関係」を実現するために

素晴らしい協同関係を実現していくためには、自身が素晴らしいパートナーになる必要がある。

先日、ジョン・マクスウェル・カンパニーは、アメリカの大手自動車販売会社ヘンドリック・オートモーティブ・グループと連携協定を結んだ。この連携協定が発効する日、ヘンドリック社と強い関係を結ぶため、私は「パートナーシップの可能性」について、両社の人たちを前に話をした。これからそれを読者とも共有しようと思う。

1　相手の行動計画を最優先に考える

誰かと協同関係を結びたいと思ったら、自ら率先して相手のところへ赴《おもむ》かねばならない。そしてお互いの共通点を見つけ、相手との約束を最優先に考える。要するに、組織やメンバーのために奉仕するリーダーになって、「どれだけ収穫があったか」ではなく、「どれだけ種を蒔《ま》いたか」によって一日の成果を計ること。

2　日々、相手の価値を高める

効果的な協同関係を構築する唯一の方法は、自らの、そして相手の価値を高めることだ。「自分が与えるもの」より多くを相手から得ようとした途端に、協同関係は崩壊し始める。中国の諺も言っている。「一時的なリーダーにはなれても、他人の成功を手助けしなければ、永遠のリーダーにはなれない」と。

私はもちろん、私のチームメンバー全員が知っていることがある。それは、協同関係を築きたい相手がいるなら、今すぐ相手の価値を高めるために行動しなくてはいけないということだ。あなた自身がパートナーとして認められ、協同関係から恩恵を受けるためには、相手にも、それにふさわしい価値を提供する必要がある。

3「具体的な援助」を行なう

私は、人々の手助けをすることに最も喜びを感じる。リーダーたちのトレーニングをするようになってすぐ気づいたのは、彼らが高いレベルでリーダーシップを発揮するには、単にリーダーとしての心構えなどを「教えるだけ」では不十分で、「具体的な援助」が必要だということだった。そこで、私は以下の三つを用意することにした。

■影響力を持つ人物――私が知っている人で、彼らも知っておくべき人

影響力を持つ人の紹介があると、有利なことが多い。私自身も前述したように人からの紹介でバスケットボールのカリスマ・コーチのジョン・ウッデンと知り合い、メンターになってもらうことができた。

あなたの知人のうちで、パートナーも知っていたほうがいい人物は誰か。「決して出会うことのない二人」を結びつけることは、相手にとっても大きなメリットとなる。潜在的

なネットワークを有効活用することで、協同関係はより有益なものになるだろう。

■アイデア――私が知っていることで、彼らも知っておくべきこと

友人で経営コンサルタントとして著名なケン・ブランチャードによれば、「私の最高のアイデアのうちのいくつかは、他の誰かが考えたもの」だそうだ。それは私にも当てはまる。少し付け加えるとすれば、私の最高のアイデアのうちのいくつかは、「他の誰かと一緒に」考えたものだ。

相手が手に入れられないものを、いかにして相手に提供できるか。自分のアイデアを共有しても、あなたが失うものは何もなく、相手にとっては大きなプラスになる。また相手のアイデアも、あなたの糧《かて》になるだろう。

■ツール――私が使っているもので、彼らも使えるもの

ツールとは、効果が約束されているシステムや実践法のことだ。システムとは、「望み通りの結果を出すための最善の道筋」であり、実践法とは、「望み通りの結果を出すための最高の行動の仕方」のことだ。どのようなシステムや実践法を共有すれば、相手の役に立つだろうか。

私は生まれつき負けず嫌いで、たとえ味方同士でも、相手より優位な立場にいたいと思ってきた。これはリーダーとしてはあまり歓迎できない性質で、私は「皆でシェアする習慣」を身につける必要があった。これが身についてからは、皆の手助けができるだけではなく、「自分が変化を起こしている」という大きな充実感が生まれた。

4 相手のニーズに合わせた助力をする

協同関係にある相手に対して、最初に果たすべき責任とは、相手を知り、相手の組織を知り、相手が何を必要としているかを知り、どうすれば相手に付加価値を提供できるかを知ることである。そのためには、相手に「質問」しなければならない。質問は人と人とを結びつけてくれる。

私は、毎年、自社のリーダーたちに、「君たちの成長のために、私にできることは何か」と訊ねる。ニーズや期待は人それぞれなので、私から質問しなければ、彼らの成長のために私が何をすべきか、知りようがない。その答えを聞いた上で、彼らが必要としているものを与える。「こうすれば彼らの役に立つはずだ」などという憶測に基づいたリーダーシップは、効果的ではない。

読者は、相手のニーズに基づいた柔軟な貢献ができているだろうか。もしできていないとしたら、相手との協同関係が終わる日も近いかもしれない。

5 「信頼」を決して裏切らない

強固な協力関係の基盤は「信頼」である。信頼は、一朝一夕には築けない。信頼関係とは、長い時間をかけて勝ち取り、醸成していくものだ。相手の信頼を獲得するのは容易なことではないが、一度信頼関係が確立されると、協同関係は有益なものとなり、スムーズに機能するようになる。

6 全てにおいて「相手の期待」を上回る

私は長年、パートナーとの関係においては「相手が期待する以上の成果」を出すことを目指してきた。そして、「期待以上の成果」を積み上げてきた結果として自分が手にできたものについて考えてみると、「急がば回れ」とはこういうことかと思ってもいる。

成長し、向上していくにつれ、私は自分に課すハードルを、より高く設定するようになった。一度ハードルを上げることに慣れてしまえば、他者に差をつけることは容易である。大抵の人は期待を超えるどころか、期待に応えようとさえしていなかったからだ。

このやり方で、私はいろいろな扉を開けていった。しかし、常に期待に応え続けなければ、扉はすぐに閉じてしまう。そうならないようにするため、私はいつでも高い目標を設定するようになった。これは習慣となって、今では私のライフスタイルになっている。

素晴らしい協同関係を築き、大きな成果を上げるのは難しいことではない。常に相手の期待を上回ることができれば、関係は大きく展開していくだろう。そして、誰もがあなたに「ついていきたい」と思うに違いない。

7　互いに「感謝」と「敬意」を忘れない

目的のために力を合わせて物事に取り組んでいる時、相手の協力を「あって当たり前」と思ってしまうことがある。すると途端に関係は劣化し、ぎくしゃくし始める。こうなれば、せっかくの信頼関係が崩壊するのも時間の問題だ。

そうならないように、私はパートナーに対する感謝の念を忘れず、相手からも敬意を持って接してもらえるように努力している。過去にいくら蜜月があったとしても、それだけで将来の関係も安泰となるほど甘くはない。信頼関係は常に更新する必要に迫られる。そのために私がしていることがある。

・必要以上に気を配る
・必要以上に奉仕する
・必要以上に努力する
・必要以上に生産性を上げる
・必要以上に成長する

これだけのことをすれば、自分に自信が持てるだけでなく、パートナーの尊敬も勝ち取れるはずだ。

読者は、今の自分が結んでいる協同関係を尊重し、パートナーの敬意を勝ち取るために努力しているだろうか。共に仕事をする人たちがいること、彼らが様々な提案をしてくれることを「当然だ」と勘違いしてはならない。

能力を最大限に発揮し、夢にも思わなかった大きなことを成し遂げたいと思うなら、他の人たちと緊密な協力関係を築くという「正しい選択」をすること。それ以上にあなたの能力を高めるものはないし、それ以上に楽しいこともないのだ。

スターバックスの元CEO、ハワード・シュルツは、「一人の努力で得られた勝利より、多くの人で勝ち取った勝利のほうが、遥かに大きな意義がある」と語っているが、私も全く同感である。

結論

人生に「限界」はない

数年前のことだ。尊敬するロバート・シュラーが書いた話を読んだ。

一九二〇年代、ジョージ・マロリーという一人の登山家がエベレスト登頂を目指していた。第一次、第二次の遠征は失敗に終わり、マロリーは最高の資質と能力を兼ね備えたチームと共に三回目の遠征に挑んだ。しかし周到に計画を立て、万全の安全策を講じたにもかかわらず、悲劇が彼らを襲った。雪崩《なだれ》に巻き込まれ、マロリーをはじめ隊員のほとんどが死亡した。

生き残った数人は帰国した後、マロリーの最後の遠征を讃《たた》え、晩餐会を催した。その席で、生き残った仲間の一人が、マロリーと友人たちに代わって、山に語りかけた。

「エベレストよ、聞こえるか。全ての生きとし生ける勇者と、まだ生まれ来ぬ勇者の名において、おまえに言いたい。エベレストよ、おまえは一度目は我々を打ち負かした。二度目も我々を打ち負かした。三度目も我々を打ち負かした。しかしエベレストよ、いつの日か我々はおまえを打ち負かすだろう。なぜなら、おまえはこれ以上大きくなることはないが、我々はもっと大きくなることができるからだ」(1)

この言葉は、私たち全てに当てはまる。私たちは成長することができる。そして世界最高峰を征服することができるのだ。

マロリーの失敗から数十年後、エドマンド・ヒラリーとテンジン・ノルゲイがエベレストの登頂に成功し、その後、七千人以上がエベレストの頂上に立っている。(2)

あなたにも、きっとできる

つい最近、有名なラジオパーソナリティと「人の価値を高めること」について話をした。その時、彼は私に、

「あなたは人々の価値を高めることで名声を得ています。一体、どうすればそのことに情熱を燃やし続けられるのですか」

と質問した。

私が情熱を失わずにいられた理由はごく単純なものだ。

私は人を大切にしているから。

人は誰でも、自分の人生を向上させることができるから。

私自身が日々成長しているので、より多くのことを人々に与えられるから。

人々の人生を向上させる手助けの仕方を知っているから。

手助けした多くの人々の人生が変わっていくのを目の当たりにしてきたから。

「全ての人の価値を高めるのですか」

と、彼が問いかける。

「もちろん、そうではありません。でも、やればできると思っています」

人生を改善し、プラスの変化を起こし、成長する能力が人間には備わっていると私は信じている。それは、私自身がこうしたことを経験してきたからであり、私にできることは他の人にもできると知っているからである。もちろん、あなたにもできるはずだ！

能力を発揮するためにあなたがやるべきことは、「高い意識」を持って成長し、「能力」

を伸ばし、「正しい選択」をして、持てる能力を最大限に発揮することだ。

今、あなたの人生には限界などないことを理解してほしい。あなたが息をしている限り、あなたには目指すべき場所があり、成長するための道がある。あなたは自分を磨くことができる。今よりも多くのことを成し遂げることができる。もっと大きな変化を起こすことができる。

全ては、あなたの手の届くところにある。私はあなたがそれをつかみ取ることを願っている。

解説……「直球・ど真ん中」のリーダーシップ論

（株）リーダーシップコンサルティング　代表取締役社長　岩田松雄

あなたがもし落ち込んでいる時にこの本を読もうとしていたら、私はあまりお勧めしない。少し休んで元気になり、前向きな気持ちになってから読んだほうが良いかもしれない。パワーが落ちている時にこの本を読むと、かえってマイナスかもしれない。それほどこの本は熱い。

このジョン・C・マクスウェル氏の『NO LIMITS「できる人」は限界をつくらない』は、とても中身の詰まった本だ。特にリーダーシップで悩んでいる人にとっては、大変参考になる。最近はサーバント・リーダーシップなどの、やや後ろに下がった変化球的なリーダー論が多くなっているが、この本はど真ん中直球的なリーダー論だ。

この本には彼の具体的で、とても参考となるエピソードが数多くちりばめられている。

実践を多く積んできた著者ならではの強みだと思う。彼の様々な経験からのリーダーシップ論は傾聴に値する。

本書は、三部構成になっている。以下、簡単にそれぞれの、私なりに重要だと思ったところをピックアップする。本書を読み終わったところで、ぜひ再度目を通し、復習・確認作業にご活用いただきたい。

Ⅰ部……「意識」は常に高く持つ

自分の能力はこの程度だと自分自身にふたをすることなく、「高い意識」を持って成長していけば、「能力」を伸ばし、「正しい選択」をし、持てる力を最大限に発揮できる。また、「長所を磨く」ほうが、「短所を直す」より、遥かに簡単に能力を伸ばしていける。自分の限界を超えていくには、限界意識を払拭《ふっしょく》して、常に自分を高めていくと、考え方を改めなくてはならない。

そのためには、

◇「新しい視点」で世界を眺める
◇自分に巣食う「怠け心」を自覚する
◇「得意なこと」に焦点を合わせる
◇「計画的に」成長する

そして何よりもまず「自分を信じること」からスタートすることが大切である。

II部……限界意識を吹き飛ばす「七つの能力」

このパートは、「活力、精神力、思考力、対人力、創造性、結果を出す力、影響力」について述べている。そして、この「七つの能力」は誰にでも備わっていると断言している。それぞれ順番に見てみよう。

◇活力……成果をつかみ取る「心身のスタミナ」

活力を維持するためには「時間」を管理するよりも、自身の「エネルギーの状態」を管理するほうが効果的だ。

① やらなければならないこと
② うまくやれること
③ やっていると楽しいこと

これら三つを基準として優先順位をつけ、エネルギーを集中しなくてはならない。

◇精神力……「感情」に振り回されるな

精神的プレッシャーに負けない力を鍛えるために、「コントロールできるものはコントロールし、コントロールできないものにエネルギーを浪費しない」。

◇思考力……「着想」から「実行」までの頭の使い方

著者は、父親に「成功する人たちは、成功しない人たちとは考え方が違う」と教えられた。考える場所をつくり、その考えを書き出して「見える化」することが大切である。考えついたいくつかのアイデアをテーブルの上に乗せ、問題点を洗い出し、これならいけると確信が持てるまで、アップグレードし、実行し、着地させること。

◇対人力……「つき合う相手」で実力は見える

著者は、社会人になって以来、五十年間、「毎日、意識して人々を尊重し、相手の価値について考えなさい。人を信じ、無条件に愛しなさい」という父親の言葉を北極星のように指針としてきた。そして「人に与えれば与えるほど、さらに与えるものが増える」との確信を持っている。

◇創造性……「新たな打ち手」が閃く瞬間

創造性を伸ばすコツはまず、「答えは必ずある」と信じること。そして創造力を発揮するには、時間と忍耐と実験（試行錯誤）が不可欠であることを覚悟する。

◇結果を出す力……「安易な道」に流されるな

「価値あるもの」は全て坂の上にある。

「人生の悲劇は失敗にあるのではなく、自己満足にある」（ベンジャミン・E・メイズ）

生産性を高め、結果を出すためには「実現する方法がわからなくても、とにかくスタートする」。つまり、不確実な状況であっても、失敗を恐れず行動を起こす積極性が必要だ。

自分が得意ではないことは手放し、「得意なこと」に集中する。そのためには「いいチーム」をつくるべきだ。

◇**影響力……「人を動かす人」になるために**

リーダーシップとは「影響力」のこと。「人を動かす人」になるためには、

1 質問し、傾聴し、理解する

2 変化を起こすためにメンバーから信頼を勝ち取り、期待を寄せる

①メンバーの価値を認めていることを示す
②メンバーが自信を持てるよう勇気づける
③期待して責任ある仕事を任せる
④変化は不可欠であることを示す
⑤励ましの言葉をかけ、背中を後押しする
⑥「成長意欲」について自己申告させる

3 誠実であり、自らの透明性を高める

4 「私」から「私たち」へと意識をシフトさせる

成功の尺度は、「自分はどれだけ他者を助けられるか」であることを心に銘記する。

III部……「正しい選択」をすることこそ未来を拓く

「卓越性は、環境から生まれるものではない。偉大さの大半は意識的な選択、そして規律から生まれる」（ジム・コリンズ『ビジョナリー・カンパニー』著者）

このパートでは、正しい選択をするには、「責任感、人間性、信頼感、自制心、心構え、リスクを取る、成長への意志、協同する力」の八つが必要だと述べている。

◇責任感……「全てを潔く引き受ける」覚悟

「責任感の強い人間」になるべき六つの理由。

1 責任は「成功の対価」である

①チャンスが大きいほど、求められる責任も大きくなる
②責任を軽視すると、チャンスは失われる
③「明日のチャンス」を手にできるか否かは、「今日の責任」を取るか否かで決まる

2 責任とは「人生をコントロールすること」である

3　責任感は「自尊心」を高める

4「責任を取る準備」が整った時、行動力が生まれる

5　責任感がつくほど「良い習慣」が身につく

6　責任感は尊敬と権威をもたらす

「経営者に権力はない。経営者にあるのは責任だけだ」（ピーター・ドラッカー）

◇人間性……この「支柱」がある人の存在感

「価値観」とは人格・人間性の基礎であり、「人格」「人間性」とは成功の基礎である。

「優れた人間性」を形成すべき七つの理由。

①　内側から湧き出る「自信」と「安らぎ」が実感できる

②　人間性は「言葉より雄弁」に語る

③　人生のあらゆる場面で「揺らぎ」がなくなる

④　周囲との信頼が醸成される

⑤「苦境に立たされた時」に支柱となる

⑥　どんな時も「正攻法」で勝負できる

⑦「最後までやり遂げる力」が身につく

優れた人間性を持つ人物が、さらに人格を高めようと「意識的な選択」を日々重ねれば、それは一国をも変革しうるような素晴らしい結果に繋がる可能性もある。

◇信頼感……「人生の豊かさ」を信じられるか

①自分を信じ、人を信じ、今日を信じ、明日を信じる
②大局観がある
③寛大である

世の中には、まだまだ豊かさがあふれている！

◇自制心……やるべきことを「やり抜く」力

①「何が重要か」を知る
②「言い訳」を排除する
③その気になるまで待たずに「すぐ行動」
④邪魔が入っても「集中力」を切らさない
⑤「時間に対する意識」を高めるため所要時間と締め切りを決める
⑥つらくても最後まで集中してやり抜く

◇心構え……逆境にあっても「前を向く」力

人生の方向性は心構えによって決まる。

いつでも「積極的な姿勢」を取るためには、①謙虚になる　②「学ぶ姿勢」を持つ　③ネガティブな感情を引きずらない　ことが大切だ。

「世の中が何を必要としているかではなく、何があなたを元気にするかを自らに問いかけよ。なぜなら、世の中が必要としているのは生き生きとした人間だからだ」（ハワード・サーマン）

◇リスクを取る……「安全圏」から踏み出せ

「危険を冒して遠くを目指す者だけが、自分がどこまで行けるか知ることができる」（T・S・エリオット）

何の変化ももたらさない些細なことを無難にこなすよりも、何か大きなことに挑戦して力及ばずで終わるほうがましだ。ただ、大きなリスクを取る時には、常に「最悪のシナリオ」を想定し、現状を正確に把握する必要がある。

感情に流されることなく、勇気を出して正しいことを実行すれば、意志の力で恐怖心を克服できる。

チームを編成する時は、**①挑戦する人　②大胆に行動する人　③自分に正直な人**　と組むといい。

◇成長への意志……どこまで遠くへ行けるか

人の能力に限界はない。失敗とは「成長しないこと」である。

自分もチームも「成長していく環境」の特徴とは？

①自分の上を行く人がいる
②絶えず挑戦することを求められる
③前進することに集中する
④「後押ししてくれる雰囲気」がある
⑤「安全圏の外」に踏み出している
⑥ワクワク感で目が覚める
⑦「失敗すること」が奨励されている
⑧周囲の人たちも成長している
⑨「新たな変化」に心が開かれている
⑩「良い手本」がいて成長が期待されている

「成長していく力」を向上させていけば、「人生の進む方向」を自分で決められる。

◇協同する力……さらに「地平線を広げる」ために

「あなたにできなくても、私ならできることがあり、私にできなくても、あなたならできることがある。一緒なら素晴らしいことができる」（マザー・テレサ）

「最高の協同関係」を実現するために必要なこと（夫婦関係に当てはめてみるのも良い）。

①相手の行動計画を最優先に考える
②日々、相手の価値を高める
③「具体的な援助」を行なう
④相手のニーズに合わせた助力をする
⑤「信頼」を決して裏切らない
⑥全てにおいて「相手の期待」を上回る
⑦互いに「感謝」と「敬意」を忘れない

「一人の努力で得られた勝利より、多くの人で勝ち取った勝利のほうが、遥かに大きな意義がある」（ハワード・シュルツ　スターバックス元CEO）

この本に挙げられている十五（七＋八）のコアキャパシティ（中核的能力）の全てを一気に身につけることはとても難しい。著者の素晴らしいアドバイスは、頭でわかっていても、全部を実行することはなかなかできないかもしれない。

まずは自分ができそうなことから取り組み、何度も本書を読み返して、一つずつ身につけるように努力すればいい。

リーダーシップについて自分が今抱えている課題を、この本を参考にして一つでも勇気を持って克服していくことを強くお勧めする。

そして、うまくいっても、いかなくても、努力を継続し、試行錯誤をやめないこと。そうすれば、少しずつ「真のリーダーシップ」が身についていくのである。

もし、あなたが思いがけずリーダーとなり、まだ自信が持てないとしたら、この本に書いてある「強いリーダー」を演じればよい。役者が舞台の上で演ずるように、最初は「ふり」をすればよいのである。

すると、それが板についてきて、自然と、理想のリーダーのように振る舞えるようになる。

私も、THE BODY SHOPやスターバックスの社長をしていた時、周りからの期待に押しつぶされそうになったこともある。それでも自分を鼓舞して、少しでも、その期待に応えようと一生懸命に「良いリーダー」を演じる努力をしてきた。

私自身、決して強いリーダーでもなく、著者のように強いリーダーシップを持っていたわけでもない。

しかし、リーダーとして人や組織を動かしていくことへの畏《おそ》れや自信のなさを隠し、少しでも組織が良い方向に向かうことを念じて試行錯誤しながら、リーダーを演じ続けた。

この本の最後に、著者マクスウェル氏の願いが集約されている文章がある。

「今、あなたの人生には限界などないことを理解してほしい。あなたが息をしている限り、あなたには目指すべき場所があり、成長するための道がある。あなたは自分を磨くことができる。今よりも多くのことを成し遂げることができる。もっと大きな変化を起こすことができる」

最後に、海外のベストセラーの翻訳書については、「日本語になっていないもの」が時々見受けられるが、それは翻訳者が内容を理解せずに機械的に訳しているせいだと思われる。

本書は、わかりやすく意訳がされている部分もあり、とても読みやすくなっている。

皆様のご健闘を心よりお祈りしています。

本書中（1）（2）（3）などの「脚注」（参考文献）は、
三笠書房ホームページ内で閲覧・ダウンロードしていただけます。
http://www.mikasashobo.co.jp

NO LIMITS《ノー　リミッツ》
「できる人《ひと》」は限界《げんかい》をつくらない

著　者――ジョン・C・マクスウェル
訳　者――山田仁子（やまだ・じんこ）
解説者――岩田松雄（いわた・まつお）
発行者――押鐘太陽
発行所――株式会社三笠書房
〒102-0072 東京都千代田区飯田橋3-3-1
電話：(03)5226-5734（営業部）
：(03)5226-5731（編集部）
http://www.mikasashobo.co.jp
印　刷――誠宏印刷
製　本――若林製本工場

編集責任者　長澤義文
ISBN978-4-8379-5798-0 C0030

ハイ・コンセプト
「新しいこと」を考え出す人の時代

ダニエル・ピンク【著】／大前研一【訳・解説】

21世紀にまともな給料をもらって、良い生活をしようと思った時に何をしなければならないか。本書はこの「100万ドルの価値がある質問」に初めて真っ正面から答えを示したアメリカの大ベストセラーである――大前研一

人を動かす人の「質問力」

ジョン・C・マクスウェル【著】／岡本行夫【監訳】

「世界一のメンター」が教える本質のつかみ方。結果を出し、組織を強くする「問題意識」の持ち方とは？　「聞き方」一つで人の心は動く！

「何を問い、どう答えるか――できる人は、質問の〝力〟と〝怖さ〟を知っている」――岡本行夫

GIVE & TAKE
「与える人」こそ成功する時代

アダム・グラント【著】／楠木 建【監訳】

仕事と人生の〝革命的な思考の転換〟になる本！　新しい「人と人との関係」が「成果」と「富」と「チャンス」のサイクルを生む！　世の〝凡百のビジネス書〟とは一線を画す一冊！――楠木 建

ハーバード流交渉術
必ず「望む結果」を引き出せる！

ロジャー・フィッシャー／ウィリアム・ユーリー【著】／岩瀬大輔【訳】

累計800万部突破！「交渉力」を身につけるハーバード史上最高の研究！◆利益を最大限にする戦略◆妥協せずともお互い満足する法
「ビジネスパーソンが限られた時間の中で、本当に読むべき世界的名著！」――岩瀬大輔

T40065